# ESSIG

eine süßsaure Erfolgsstory

# ESSIG

**eine süßsaure Erfolgsstory**

ALLPART MEDIA

ISBN 978-3-86214-036-7


© 2011 Genehmigte Lizenzausgabe für die Allpart Media GmbH
© 2010 Istituto Geografico De Agostini S.p.A., Novara, Italien

Redaktion: Marco Torriani
Grafik: Sandra Luzzani
Umschlaggestaltung und Layout der deutschen Ausgabe:
Grafik & Design Rosa Wellhöfer, Augsburg
Übersetzung der deutschen Ausgabe: Susanne Vogel, München

Fotonachweis: Servizi Editoriali Iconografici De Agostini, Archivio acetificio Ponti, Archivio acetificio
Varvello, Consorzio tutela aceto balsamico tradizionale di Reggio Emilia, Museo del balsamico tra-
dizionale di Spilamberto, Consorteria dell'aceto balsamico tradizionale di Modena, Corbis, Getty
Images, Marka, Stock Food, www.vinagredejerez.com

Druck und Bindung: Salzland Druck, Staßfurt

Ein Verlagsverzeichnis schicken wir Ihnen gern:
ALLPART MEDIA GmbH, Neue Grünstr. 18, 10179 Berlin
Tel. 01805/309999 (0,14 €/Min., Mobil max. 0,42 €/Min.)

Die Bücher der ALLPART MEDIA werden vertrieben von der
Eulenspiegel Verlagsgruppe. **www.allpart-verlag.de**

# INHALT

Seit Jahrtausenden wird Essig genutzt, um Salate und Gemüse, ob roh oder gekocht, anzumachen, Zutaten zu marinieren, Zubereitungen zu würzen und Nahrungsmittel zu konservieren. Jener »schlecht gewordene« und ins Saure umgeschlagene Wein von einst hat Karriere gemacht, und zwar in den unterschiedlichsten Kulturen. Er hat sich in den traditionellen Küchen der westlichen Welt einen festen Platz erobert, und ebenso ist er beispielsweise kaum aus den süßsauren Gerichten Asiens wegzudenken.

Doch nicht nur kulinarisch feiert er glänzende Erfolge, wie sich etwa in die Beliebtheit des Aceto Balsamico di Modena IGP oder der mit DOP-Siegel ausgezeichneten traditionellen Versionen aus Modena und Reggio Emilia zeigt. Ebenso schätzt man ihn als Gesundheitsmittel, dessen vorbeugende und heilende Eigenschaften schon seit der Antike bekannt sind und dem darüber hinaus insbesondere seit dem Mittelalter bis in unsere heutige Zeit als Desinfektionsmittel große Bedeutung zukommt.

Das vorliegende Buch ist ganz dem Essig gewidmet (angesichts der Vielfalt der Varianten, die aus den unterschiedlichsten Rohstoffen entstehen, wäre es vielleicht passender, von »den Essigen« zu sprechen). Es erzählt die Geschichte des Essigs, auch im Hinblick auf seine Anwendungen über die Jahrhunderte, schildert die Herstellungsverfahren und die Kunst der Essigverkostung, geht auf seine Verwendungsmöglichkeiten im Haushalt und im gastronomischen Bereich ein.

Eine Hommage an ein Erzeugnis von außerordentlicher Vielseitigkeit und Wirkkraft – an ein Elixier, das gewiss kein ewiges Leben verspricht, aber doch eine Stärkung des Wohlbefindens.

*Abfüllanlage der Ponti-Essigfabrik in Ghemme.*

*Folgende Seiten: Proben von Aceto Balsamico Tradizionale di Modena DOP.*

Si Vous Voule de la Moutarde, Jen fais

Moutarde

boëte à la Moutarde

PRIN CI PIO

# Geschichte und Kultur des Essigs

## Eine »legendäre« Entdeckung

Bekanntlich verdanken wir einige der großen kulinarischen Errungenschaften einem … Versehen. Dies gilt für manche bedeutende Käsesorte, etwa Gorgonzola oder Roquefort, auch für süße Leckereien wie zum Beispiel den Panettone aus Mailand und für zahlreiche weitere Delikatessen. Der Essig reiht sich nahtlos in diese Riege ein. Die Legende, die sich um seine »Entdeckung« rankt, versetzt uns in die Zeit der Antike und erzählt von einem Mann, der feststellt, dass der Inhalt des Weinschlauchs, den zu verschließen er vergessen hatte, sauer geworden ist. Vermutlich kommt diese Geschichte allerdings der Wahrheit sehr viel näher als manch andere, die von einer legendären Entdeckung berichtet. Man kann sich gut ausmalen, wie dieser Mann nach Wegen sinnt, den schlecht gewordenen Wein noch irgendwie zu verwerten. Noch leichter ist es, sich vorzustellen, wie er sich an den herben und dennoch reizvollen Geschmack gewöhnt. Langsam gewinnt er die Erkenntnis, dass er jene Flüssigkeit auf vielfältige Weise im Alltag nutzen kann: zur Behandlung gesundheitlicher Beschwerden, als Würze oder zum Haltbarmachen von Nahrungsmitteln. Erneut setzt er, um den stattgefundenen Vorgang zu reproduzieren, Wein der Luft aus, sodass dieser langsam jenen Geschmack und Geruch annimmt, die mit denen des Ausgangsprodukts gar nichts gemein haben, und er bringt den Essig in Umlauf.

Die Geschichte des Essigs lässt sich von der des Weins kaum trennen. Plinius der Ältere (23/24–79 n. Chr.) spricht in seiner *Naturalis Historia* (Naturgeschichte) über »verdorbenen Wein«, zieht dabei einige Beschreibungen früheren Datums heran und stellt vor allem einen Zusammenhang zwischen Essig und Zersetzungsprozessen im Wein her. Bezeichnend ist in diesem Sinne das italienische Wort für Essig, *aceto,* denn es leitet sich vom lateinischen *acetum* ab, dem Partizip Perfekt des Verbs *acere* (»sauer sein«). Noch griffiger erscheint der französische Begriff *vinaigre,* der aus dem Lateinischen *vinum acre* (»herber Wein«) hervorging. Offenkundig eng verwandt sind das spanische *vinagre* und das englische *vinegar.* Herber Wein also!

Anders stellt sich die Sachlage in Asien dar, wo Essig, gewonnen hauptsächlich durch die Fermentation von Früchten oder Reis, den Leitfiguren dreier großer Religionen, sprich Konfuzius, Buddha und Lao-tse, als Essenz des Lebens selbst galt. Darüber hinaus erkannten die Chinesen offenbar schon 1300 Jahre vor Pasteur, welch elementare Rolle Mikroorganismen bei der Essiggärung spielen. Als kleinster gemeinsamer Nenner eint Europa und Asien in diesem speziellen Punkt immerhin die Verwendung von Essig als Würze, Konservierungsmittel und die Gesundheit stärkendes Präparat.

Nicht nur Süßes und Saftiges spricht allem Anschein nach seit Menschengedenken unseren Gaumen an, sondern ebenso Säuerliches und Herbes. Dies belegen zwar nicht wirklich uralte, aber doch sehr traditionsreiche Zubereitungen wie die aus Roten Beten zubereitete russische Suppe namens Borschtsch mit ihrem pikant-herzhaften Geschmack, die ebenfalls aus längst vergangenen Zeiten datierende französische Vinaigrette oder auch marinierte Speisen der italienischen Küche. Immer raffiniertere und vielseitigere Zubereitungen tragen, ob sie nun dem unmittelbaren kulinarischen Genuss, konservierenden oder auch gesundheitsfördernden Zwecken dienen, der wachsenden Vorliebe für säuerliche Geschmackseindrücke Rechnung. Man darf sich also nicht darüber wundern, dass der Essig in immer wieder anderen Formen in Erscheinung tritt.

*Rechte Seite oben:*
*Moses empfängt die Gesetzestafeln; das Mosaik befindet sich in der Basilika San Vitale in Ravenna.*

*Rechte Seite unten:*
*Rut liest auf Boas' Feld nach der Ernte verbliebene Ähren auf. Die Miniatur findet sich in einer Bibel aus dem 15. Jahrhundert.*

## Essig in der Bibel

Unter dem Begriff *homez* (oder, je nach Übersetzung, auch *homets*) findet man den Essig vielfach in der Bibel erwähnt. Dabei bezeichnet das hebräische Wort *homez* im Alten Testament generell alles, was einen kräftigen, herben und gärungsbedingt mitunter säuerlichen Geschmack hat. Es kann sich also von Fall zu Fall auf gesäuertes Getreide, Hefeteig, geronnene Milch, eine saure Suppe und natürlich den Essig beziehen. Der auch in den semitischen Sprachen auftauchende Begriff dürfte noch viel älter als die Bibel sein. Tatsächlich begegnet man ihm im Zusammenhang mit dem phönizischen Syrien bis hin zu mesopotamischen Kontexten immer wieder. Im Alten Testament, genauer in den *fünf Büchern Moses*, findet er in einer sehr bedeutenden Passage dort Erwähnung, wo Gott Moses die Richtlinien mitteilt, nach denen dieser sein Volk regieren soll und die fürderhin als »mosaisches Gesetz« bekannt sein werden: Jahwe weist Moses in die Verhaltensmaßregeln für Nasiräer ein, die vorübergehend die Abstinenz von bestimmten Speisen oder Getränken geloben.

Wenn ein Mann oder eine Frau etwas Besonderes tun will und das Nasiräergelübde ablegt, heißt es an der betreffenden Bibelstelle, dann soll er oder sie keinen Wein und andere berauschende Getränke trinken, keinen Essig von Wein oder dergleichen alkoholischen Getränken zu sich nehmen und auch auf den Verzehr von Trauben, seien sie frisch oder getrocknet, verzichten. Hier haben wir es mit der frühesten Erwähnung von Essig nicht als Würze, sondern als Durstlöscher zu tun, als der er später ebenso den alten Griechen

13

und Römern häufig diente. Ein noch konkreterer Verweis auf die Verwendung von Weinessig in der Ernährung findet sich im Alten Testament im *Buch Rut* dort, wo Boas Rut auf seinen Feldern beim Sammeln der nach der Ernte verbliebenen Ähren erwischt und sie mit folgenden Worten zum gemeinsamen Essen mit den Schnittern einlädt: »Komm und iss von dem Brot, tauch deinen Bissen in die Würztunke!« Bereits in biblischen Zeiten wurde der Essig also als Essenswürze oder auch dazu genutzt, den Geschmack von Fleisch und Gemüse zu kräftigen. Doch fand seine herbe Note keineswegs nur ein positives Echo, was etwa einer der Sprüche Salomos verdeutlicht: »Wie der Essig den Zähnen und der Rauch den Augen tut, so tut der Faule denen, die ihn senden.« Schließlich spielt der Essig auch in einem der wichtigsten Bibelabschnitte, nämlich in der in den Evangelien enthaltenen Schilderung der Kreuzigung, eine wesentliche Rolle. Kurz vor dem Dahinscheiden von Jesus reichte ein Soldat, wie nachzulesen ist, diesem auf einem Stock einen mit Essig getränkten Schwamm. Was oft als grausame Peinigung eines Todgeweihten mit dem überaus starken Geschmack von Essig gewertet wird, erlaubt umgekehrt auch die Auslegung als Akt des Erbarmens gegenüber einem Sterbenden. Denn im Rom der Antike war Essig verdünntes Wasser, posca genannt, ein gern verwendetes Mittel, um Durst zu stillen.

Vor allem auf ihren Feldzügen schworen die Soldaten auf das Essigwasser, das Kräfte mobilisieren und anders als der Wein nicht die Sinne vernebeln sollte, wie auch ein damals gängiges Sprichwort besagte: »*Posca fortem, vinum ebrium facit.*« Eben aus diesem Grund gab der Feldherr Pescennius Niger, Aspirant auf den Kaiserthron, der berühmt war für die Disziplin, die er seinen Truppen abverlangte, die Devise aus: »*Idem iussit vinum in expeditione neminem bibere, sed aceto universos esse contentos.*« Wein war demnach für alle Soldaten auf Feldzügen tabu, während sie sich an Weinessig nach Belieben laben sollten.

## DER ESSIG IN DER ANTIKE

In Babylonien und Persien kannte und nutzte man Essig, mit Wasser verdünnt, als durstlöschendes Getränk, verwendete ihn aber auch viel bei der Zubereitung von Speisen und zum Konservieren von Vorräten. Die Babylonier gewannen ihn durch Vergären der Früchte von Dattelpalmen. In einem ägyptischen Gefäß aus der prädynastischen Zeit entdeckte man Spuren von Essig , der etwa 10 000 Jahre alt ist – bisher ein absoluter Rekord! Im Griechenland der Antike galt *oxycrat* als der erfrischende Durstlöscher schlechthin. Dabei handelte es sich um eine Mischung aus Wasser, Weinessig und Honig, die in speziellen Gefäßen (*oxydes*) aufbewahrt wurde. Seinerzeit kannte man verschiedene Essigarten, und sie wurden gewöhnlich, wie Aristophanes in einer seiner Schriften darlegt, nach ihrer Herkunft klassifiziert. Die Anwendung des Essigs für pharmazeutische und prophylaktische Zwecke war weit verbreitet. Hippokrates etwa, griechischer Urvater der heutigen Medizin, verordnete ihn gegen Verwundungen und Erkrankungen des Atemsystems. Plinius dagegen, der ja in Medizin bewandert war, empfahl ihn gegen Schluckauf, Niesen und Bauchschmerzen und behauptete, dass Essig bei Sonnenstich helfen, hartnäckigen Husten vertreiben und, indem man ihn länger im Mund behielte, bei Hitze das Atmen erleichtern könne. Außerdem hielt er ihn für wirksam gegen Lepra und Magengeschwüre, bei Bissen von Hunden, Skorpionen und Fledermäusen sowie gegen verschiedene weitere tierische Gifte.

Essig fand in der Antike noch weitere Anwendungen im gesundheitlichen Bereich. So waren nach dem Bad Inhalationen mit Weinessig üblich, und in einer Mischung mit Asche von Rebenranken und Trestern diente Essig als Mittel gegen Hautkrankheiten.

Seine Beliebtheit als durstlöschender Trank wurde bereits erwähnt. Darüber hinaus wusste man im alten Rom den Weinessig auch bei der Zubereitung von Speisen durchaus zu nutzen. Tatsächlich nahm hier die Technik des Marinierens ihren Anfang. Auch wurde Essig zum Haltbarmachen von Gemüse verwendet, und die damaligen Methoden haben, inzwischen mehrfach verfeinert, bis heute überlebt. Überhaupt war der Essig in den Küchen und auf den Tafeln omnipräsent. Große Feinschmecker (darunter der berühmte Marcus Gavius Apicius, der im 1. Jahrhundert n. Chr. lebte) ersannen Zubereitungen, an denen Essig beteiligt war, und viele von diesen sind nach wie vor bekannt. Salat (oftmals im Mörser zerstoßen) wurde mit Essig angemacht, man träufelte ihn über Linsen und Braten, und nicht selten wurde er dafür mit Honig gemischt. Dieses Faible für süßsaure Würzsaucen hat sich bis heute gehalten, wie die Beliebtheit des Aceto Balsamico di Modena IGP zeigt.

*Römisches Relief (3. Jh. v.Chr.), das ein Festmahl einschließlich der Diener zeigt.*

*Rechts: Behälter für das garum, Fragment eines Mosaiks aus Pompeji (1. Jh. n.Chr.).*

## Die Wette Kleopatras

Was für uns heute die glamourösen Jetset-Paare sind, verkörperten in der Antike Antonius und Kleopatra. Beide liebten den Luxus und die Unterhaltung, und ihre opulenten Festmähler sind legendär. Die vielleicht berühmteste Episode ist jene, die Plinius der Ältere in seiner *Naturalis Historia* erzählt. Bei Antonius zu Gast, verstieg sich Kleopatra, nachdem sie dem Hausherrn beim Lobpreisen seines eigenen Banketts gelauscht hatte, zu der Wette, am nächsten Tag allein ein Festessen im Wert von zehn Millionen Sesterzen zu verspeisen. Antonius ging auf die Wette ein, da in seinen Augen nichts die bei ihm aufgetischten Köstlichkeiten noch übertreffen konnte. Wie konnte er ahnen, dass sich Kleopatra, um ihn zu übertrumpfen, gewöhnlichen Essigs bedienen würde? Am Folgetag ließ also die schöne Königin ein prächtiges Essen auffahren, ganz ähnlich dem von Antonius. Dieser lachte sie aus und forderte sie auf, ihm die Rechnung zu zeigen. Kleopatra aber ließ sich ein kleines Gefäß mit Essig bringen, nahm unter den erstaunten Blicken Antonios ihre beiden Perlenohrringe ab, deren Wert, wie man sich erzählte, unermesslich war, und ließ einen davon in den Essig fallen, um dessen Wirkungsweise als Lösungsmittel sie wusste. Wie Plinius weiter berichtet, trank sie den Essig mit der inzwischen aufgelösten Perle und erfüllte so ihre Wette. Plankus, der zum Schiedsrichter bestellt war, schritt ein, bevor Kleopatra mit der zweiten Perle genauso verfahren konnte, und erklärte Antonius zum Verlierer.

*So stellte sich Giambattista Tiepolo 1746 das Festmahl von Antonius und Kleopatra vor.*

Im Rom der Antike kannte man verschiedene Saucen, die auf Weinessig basierten, angefangen bei einfachen Zubereitungen bis hin zum legendären *garum*, für das Fischinnereien vergoren wurden, um die so gewonnene Flüssigkeit dann mit Salz und Essig oder altem Wein zu mischen. Eine herzhafte Torte namens *moretum*, deren Belag aus Knoblauch, Zwiebeln, Raute, Ziegenkäse und Koriander bestand und die mit Öl und Weinessig beträufelt wurde, war die traditionelle Speise der Legionäre vor einer Schlacht. Essig wurde von den Soldaten auch zur Körperpflege, zur Behandlung kleinerer Wunden sowie zur Vorbeugung oder Linderung von Beschwerden genutzt, die das Lagerleben mit sich brachte. Bei Tisch durfte im alten Rom niemals das *acetabulum* fehlen, eine mit Weinessig gefüllte kleine Schale, in die man Brotstücke tunkte, um damit zwischen den einzelnen Gängen den Mund zu erfrischen und auch die Verdauung anzuregen. Ebenfalls zwischen den Gängen wurden gemischte Salate aus Gemüse serviert, die teils auch mit Fleisch angereichert und stets mit Weinessig angemacht waren.

Inzwischen hatte man die Herstellungsmethoden weiter entwickelt, doch war das Geheimnis der Essigwerdung noch nicht wirklich entschlüsselt. Columella, ein römischer Agronom des 1. Jahrhunderts n.Chr., erprobte verschiedene Wege, um Wein in Essig zu verwandeln: Er fügte Sauerteig hinzu, legte glühend heiße Eisenstangen und Tannenzapfen hinein und versuchte auch, die Essiggärung mittels Trockenfeigen, Salz und Honig in Gang zu bringen.

*Porträt von Hippokrates, Detail des Frontispiz in einem dem "Urvater" der Medizin gewidmeten Buch von 1678.*

## Der Essig im Mittelalter

Nachdem der Essig lange von der Bildfläche verschwunden war, änderte sich dies im späten Mittelalter dank Petrus de Crescentiis (Bologna 1233–1320, auch als Pier de' Crescenzi, Pietro de' Crescenzi oder Pier Crescenzio bekannt). Er war eine Art Universalgelehrter, hatte Philosophie, Medizin, Naturwissenschaften und Recht studiert, betätigte sich als Schriftsteller und gilt als einer der bedeutendsten Agronomen des mittelalterlichen Europas. Die Verwandlung von Wein in Essig erklärte er mit der Wirkung der Säfte. Nach seiner Theorie hatte der Prozess den Übergang des Weins von einem warmen und feuchten in einen kalten und trockenen Zustand zur Ursache. Eben die letztgenannten Eigenschaften prägten in seinen Augen maßgeblich den Essig, und genau aus diesem Grund empfahl er, zur Gewinnung von Essig die Behälter mit Wein dem

direkten Kontakt mit Luft an einem warmen Platz auszusetzen. Dank seiner Studien wie auch ähnlicher Beobachtungen stellten sich bei der Essigbereitung endlich erste Fortschritte ein.

Im Mittelalter kam auch der Agrest auf, der, hergestellt aus noch unreifen Trauben, mit seinem frischen, säuerlichen Geschmack übermäßig fette Speisen bekömmlicher machte. Allerdings verwandte man im Mittelalter den Begriff »Agrest« außer für Essig aus grünen Weinbeeren auch für Erzeugnisse aus anderen Früchten wie Granatäpfeln und Stachelbeeren oder aus Gemüse, etwa Getreideblättern und Sauerampfer. Manchmal wurde Agrest mit eingekochtem Most zu einer süßsauren Sauce verschnitten.

In Frankreich erlebte der Weinessig eine neue Hochblüte, und ab dem

*Auf dieser Seite eines Kräuterbuchs aus dem 15. Jahrhundert wird ein mit starkem Essig bereiteter Auszug von »Erba negra« gegen Bisse tollwütiger Hunde empfohlen.*

14. Jahrhundert stieg Orléans zur unumstrittenen Hauptstadt der Essigherstellung auf. Den Aufzeichnungen zufolge formierte sich 1394 der erste Zusammenschluss von Weinessigerzeugern. Zu seinen ehernen Regeln gehörte die, dass neue Mitglieder geloben mussten, die Produktionsgeheimnisse nicht zu verraten; auf eine Zuwiderhandlung folgte der Ausschluss. Es war auch dieser rigiden Politik zu verdanken, dass sich die damaligen Essige aus Orléans einen großartigen Ruf erwerben konnten und so den Grundstein für einen Industriezweig legten, der bis heute Bestand hat.

1580 zählte Orléans einschließlich seiner Vororte 33 Produktionsstätten für Essig. Das Städtchen profitierte von zwei Besonderheiten. Zum einen waren dies die lokalen Weine, die mit ihrer leichten, fruchtigen und säurearmen Art für die Umwandlung in Essig wie geschaffen waren.

*Die französische Stadt Orléans mit der majestätischen Loire in einer Illustration aus dem 16. Jahrhundert.*

Zum anderen verfügte Orléans über den letzten noch schiffbaren Hafen an der Loire, und bis die flussaufwärts fahrenden Handelsschiffe dort angelangten, war der geladene Wein, da sie so langsam vorankamen, bereits teils oxidiert und oft nicht mehr zu verkaufen. In solchen Fällen wurde er gleich an die Essigfabrikanten weitergegeben.

Während der letzten Jahrzehnte des Mittelalters fiel dann endgültig ein Tabu. Hatte man bis dahin Essig stets aus verdorbenen Weinen bereitet, weil seit Jahrhunderten die Überzeugung herrschte, dass nur mit diesen ein gutes Produkt zu erzielen sei, begann man am Ende des dunklen Zeitalters, bessere Grundsubstanzen zu verwenden. Um den Prozess der Veressigung zu starten, griff man zu Bodensatz von Wein oder Bierhefe. Auch wurden neue Zusätze erprobt, darunter Traubenkämme, Trester, Rebenranken und andere Abfälle. Mitunter trieb die Experimentierlust absurde Blüten. So empfahl Jacques François Demachy, ein namhafter französischer Arzt und Chemiker, in seinem Werk *Art du vinaigrier*, dem Wein menschliche Exkremente beizumischen, die dann binnen Kurzem einen wahrlich exquisiten Essig entstehen lassen sollten.

23

## Der Essig und die Pest

Der Schwarze Tod, der im 14. Jahrhundert in ganz Europa gewütet und ein Drittel der damaligen Bevölkerung dahingerafft hatte, forderte auch in den nachfolgenden Jahrhunderten weitere Opfer. Zur wichtigsten Prophylaxe gegen die Ausbreitung Pest entwickelte sich der Essig, dessen Rolle in der Ernährung dagegen verblasste. Bevor sie einen Patienten anfassten, tauchten der Arzt und die Schwestern gewöhnlich ihre Hände mehrfach in eine Schüssel voller Essig, und mit Essig wusch man auch die Wände von Häusern ab, in denen Pestkranke geweilt hatten. Überlieferten Berichten zufolge atmeten die Einwohner von Marseille während der letzten großen Pestepidemie, die Europa 1720 heimsuchte, zum Schutz gegen eine Ansteckung kontinuierlich die Ausdünstung eines essiggetränkten Schwamms ein. Laut ärztlichem Rat sollte man diesen dauerhaft sogar vor die Nase halten, nie durch den Mund atmen und keinen Speichel schlucken. Etwas ganz Ähnliches liest man, allerdings im Zusammenhang mit der Pest, die 1629 grassierte, in Manzonis Roman *Die Verlobten*. Dort heißt es im 34. Kapitel: »Die meisten trugen in der einen

*Von links nach rechts:
Rekonstruktion einer Apotheke aus dem 16. Jahrhundert;
das Aquarell zeigt einen Pestdoktor (in dem »Schnabel« fand ein essiggetränkter Schwamm Platz);
Frontispiz der 1840 erschienenen Ausgabe von Manzonis Roman I promessi sposi (Die Verlobten)*

Hand einen Stock, andere auch eine Pistole, um abzuwehren, wer immer ihnen zu nahe kommen wollte; in der anderen hielten sie wohlriechende Pastillen oder durchlöcherte Kugeln aus Metall oder Holz mit in Heilessig getränkten Schwämmen darin, die sie sich dann und wann oder auch andauernd vor die Nase hielten.« Wie der Arzt Alessandro Tadino 1648 notierte, gab es in der Umgebung von Lecco und vom Comer See nur noch Dörfer, die, oftmals mit Toren verrammelt, verlassen oder jedenfalls fast wie ausgestorben dalagen, und man begegnete umherirrenden Gruppen von Menschen, »verwilderten Krea-turen, die mal Minze, mal Raute, mal Rosmarin und mal ein Essigfläschchen in Händen hielten«. Man nutzte also die genannten Kräuter, denen schüt-zende Kräfte bei Epidemien nachgesagt wurden, zusätzlich zum Essig, dem eine heilende Wirkung zugeschrieben wurde. Tatsächlich behaupten manche Gelehrte, dass just zu jener Zeit die Bezeichnung »balsamico« geprägt wurde, und zwar in Anspie-lung auf seine angeblichen heilenden Eigenschaften ähnlich denen eines Balsams.

Manzoni kommt in den Abschnitten über die Pest auch auf die Praxis zu sprechen, Münzen vor der Weitergabe oder Entgegennahme als Schutzmaßnahme in Essig zu waschen. Im 33. Kapitel will Renzo in einer Bäckerei zwei Brote kaufen. Der Bäcker verwehrt ihm den Eintritt zu seinem Laden und hält ihm stattdessen auf einer kleinen Schaufel eine Schale mit Essigwasser hin, in die Renzo das Geld werfen soll. Dieser tut, wie ihm geheißen, woraufhin ihm der Bäcker mit einer Art Zange die Brote reicht. Im nächsten Kapitel erbittet Renzo von Agnese Essig, um seine Münzen abzuspülen. Il Griso lässt dagegen keine solche Vorsicht walten und handelt sich so, während er

*Darstellung eines Essigver-käufers in einem französischen Stich aus dem 18. Jahrhundert.*

25

*Interno del Lazzeretto di Melano, occupato dagli appestati nell'anno 1630*

die Taschen des infizierten Don Rodrigo nach Geld durchsucht, die Pest ein. Diese Seuche und den Essig hat desgleichen die Geschichte über *Die vier Räuber von Toulouse* zum Thema, die man sich bis heute erzählt. Dank eines wunderkräftigen Essigs, mit dem sie ihren gesamten Körper einrieben, konnten die vier während der schrecklichen Epidemie von 1628 ihre diebischen Streifzüge durchführen, ohne sich anzustecken. Als sie gefasst und zum Tod auf dem Scheiterhaufen verurteilt wurden, baten sie um Gnade und wollten im Gegenzug das Rezept preisgeben. Die Richter gaben vor, auf den Handel einzugehen, vollstreckten aber nach Erhalt der Rezeptur doch das Urteil – nur starb das Quartett nicht im Feuer, sondern am Galgen. Der Vier-Räuber-Essig tauchte 1720 in Marseille ein weiteres Mal auf. Damals wütete dort die Pest dermaßen, dass sich keiner entziehen konnte, nicht einmal die Leichenträger, die stets mit einem essiggetränkten Tuch vor dem Gesicht geschützt waren. Nur vier von ihnen (manchmal ist auch von sieben die Rede) konnten ihre Räubereien und Plündereien ganz unbehelligt fortsetzen, da sie dank einer würzigen Essigzubereitung, mit der sie sich wuschen und gurgelten, gegen eine Ansteckung immun waren. Wie die Legende erzählt, war die genaue Zusammensetzung selbst ihnen nicht bekannt, da ein jeder von ihnen jeweils eine Zutat für sich behielt. Nachdem die Epidemie vorüber war, wurden sie eingekerkert und handelten ebenfalls im Tausch gegen die Preisgabe des Rezepts Straffreiheit aus. Sie hatten mehr Glück als die Toulouser und kamen mit dem Leben davon. Seither wird in Marseille das Originalrezept des Vier-Räuber-Essigs aufbewahrt. Es nennt als Ingredienzien, neben Essig selbstverständlich, zahlreiche Kräuter, dazu Gewürznelken, Kampfer und Absinth. Die Zubereitung wurde in die offizielle französische Arzneiliste von 1748 aufgenommen und ist bis heute im Handel erhältlich.

*Das Pestlazarett in Mailand jener Zeiten, die Alessandro Manzoni in seinem Roman »Die Verlobten« schildert.*

Schon in einer Schrift aus dem 12. Jahrhundert (*Vita Mathildis*, verfasst von Abt Donizone im Jahr 1116) kommen die Vorzüge der Essige aus den Gegenden um Modena und Reggio zur Sprache. 1046 hörte auch der deutsche Kaiser von ihnen und konnte sich, seinerzeit auf dem Weg nach Canossa, dank einer Kostprobe persönlich von ihnen überzeugen. Ob es sich damals allerdings um den gleichen Balsamico-Essig handelte, wie er sich heute in unseren Küchen findet, lässt sich nicht mit Sicherheit sagen. Zwischen dem 12. und 14. Jahrhundert entstanden die Zünfte der Essighersteller von Modena und Reggio Emilia, und es ist wohl anzunehmen, dass die Balsamico-Produktion seinerzeit bereits im Schwange war. Man kann sich gut vorstellen, dass die mit der Herstellung dieses so besonderen Elixiers verbundenen Geheimnisse der natürlichen Gärung und Veressigung von eingekochtem Traubenmost sowie der anschließenden langen Reifung von den Zünften sorgsam gehütet wurden. Im Übrigen war der gekochte Most namens *sapa* bereits seit der römischen Antike bekannt und zusammen mit Honig als Süßungsmittel beliebt, und auch im Mittelalter besaß er in der Modeneser Küche einen hohen Stellenwert. Wie Antonio Vallisnieri, ein Chronist aus dem 19. Jahrhundert berichtet, wurden am Hof der Este schon in der ersten Hälfte des 13. Jahrhunderts, zu Zeiten Obizzos II. d'Este also, des Herrn über Ferrara, Modena und Reggio Emilia, Fässer mit Essig gelagert.

Fest steht in jedem Fall, dass die Gegend von Modena im Mittelalter zum italienischen Orléans aufstieg. Damals entstanden dort zahlreiche Essigbetriebe, von denen einige noch heute existieren.

*Oben: Der Historiker und Gelehrte Ludovico Antonio Muratori, dem es mit zu verdanken ist, dass die Vorzüge des Balsamico-Essigs größeren Kreisen bekannt wurden.*

*Rechte Seite: Der Herzogspalast von Modena in einem Gemälde aus der zweiten Hälfte des 18. Jahrhunderts.*

In der Renaissance genoss der Balsamico-Essig in der Familie der Este als Würzsauce höchstes Ansehen, auch galt er in Adelskreisen als besonders kostbare Mitgift. Lucrezia Borgia, Gemahlin des Herzogs Alfonso I. d'Este, hegte allem Anschein nach außer für die schwarze Kunst der Alchemie auch eine große Leidenschaft für den Balsamico-Essig. Als das Haus Este 1598 von Ferrara nach Modena umzog (das damit zur Hauptstadt des Herzogtums aufstieg), erfuhr die Herstellung dieses Essigs dort einen immensen Aufschwung. Eben in jenen Jahren erschienen auch die ersten Beschreibungen der Produktionsmethoden sowie der Merkmale des Aceto Balsamico, wie wir ihn heute kennen. Damals trug er allerdings noch nicht diesen Namen. Erst 1730, als der Herzog von Modena eine Flasche davon dem aus Vignola stammenden Ludovico Antonio Muratori (1672–1750) zum Geschenk machte, feierte der Begriff »balsamico« seine Premiere. Eben dieser große Historiker und Gelehrte Muratori schrieb einige Rezepturen für Arzneien gegen die Pest, die auf Balsamico-Essig basierten, nieder.

Als 1796 die napoleonischen Truppen nach der Besetzung Modenas die herzoglichen Fassbestände mit reifendem Essig demontierten, hatte dies weitreichende Folgen. Der wirtschaftliche Schaden war enorm: Erst nach etwa zwei Jahrzehnten waren die Fassbatterien zum Teil wieder hergestellt. Andererseits gelangte der Balsamico-Essig dadurch, dass die Franzosen die Fässer an die wohlhabenden Bürgerfamilien der Stadt verkauften, zunächst dort selbst und später dann im ganzen Land zu weiterer Verbreitung. Ein großer Anhänger des Balsamico war Viktor Emanuel II., der, nachdem er am 4. Mai 1859 in Modena eingetroffen war, anordnete, die besten Fässer nach Piemont in das königliche Schloss von Moncalieri zu schaffen.

*Eine Acetaia für die Erzeugung von Aceto Balsamico Tradizionale unweit von Reggio Emilia.*

### Mittel gegen die Cholera

Nachdem man die Pest besiegt hatte, geriet die prophylaktische Wirkung des Weinessigs keineswegs in Vergessenheit, sondern man nutzte sie auch zur Bekämpfung anderer Seuchen. So bewährten sich seine antibakteriellen und entzündungshemmenden Eigenschaften im Kampf gegen die Cholera. Die wissenschaftliche Erklärung für den Erfolg: Die auf der Oberfläche von Früchten und Gemüse sitzenden Erreger, die zur Ausbreitung der Krankheit beitragen, werden durch den Kontakt mit Essig innerhalb von 30 Sekunden bis zu zwei Minuten vernichtet. Während des gesamten 19. Jahrhunderts hielten die europäischen Staaten ihre Bevölkerung in dringenden Appellen dazu an, Obst und Gemüse gründlich mit Essig zu säubern und sich vor wie nach dem Kontakt mit möglichen Infizierten ebenfalls mit Essig die Hände zu waschen.

## Im 19. Jahrhundert:
## Das Geheimnis der Essigwerdung wird gelüftet

Die Verwendung von Essig in ernährungsfremden Bereichen nahm im 19. Jahrhundert keineswegs ab. So atmeten Frauen den Duft des Essigs ein, wenn sie von Kopfschmerzen geplagt waren, infolge eines zu engen Mieders ins Ohnmacht gefallen waren oder sich vor Erkältungen schützen wollten. Zu diesem Zweck führten sie in der Tasche eine kleine, oft aus Silber gefertigte und fein verzierte Büchse mit sich, die sogenannte *vinaigrette*, die ein essiggetränktes Stoffstück enthielt. Auch bereitete man aus Essig Abkochungen, Seifen und Salben.

Derweil machte die Forschung große Fortschritte: Hatte man die Veressigung zunächst durchgeführt, ohne wirklich zu verstehen, was da vor sich ging, brachten neue Untersuchungen des Gärvorgangs endlich Licht in die zugrunde liegenden Vorgänge.

Im 17. Jahrhundert war es dem Chemiker und Alchemisten Johann Rudolph Glauber bereits gelungen, eine Methodik für die Essigbereitung zu beschreiben (doch hatte er das eigentliche Phänomen nicht zu erklären vermocht). Ganz ähnlich war es dem niederländischen Chemiker Wilhelm Homberg (1652–1715) ergangen. Er meinte, als Ursache für die Verwandlung des Weins in Essig die Bewegung ausgemacht zu haben, und hatte im praktischen Versuch eine Karaffe mit Wein an einem Windmühlenflügel befestigt. Tatsächlich wurde der Wein zu Essig, allerdings nicht, wie Homberg irrtümlich angenommen hatte, infolge der Drehung, sondern durch die einwirkende Luft. Den Beweis dafür erbrachte später der französische Chemiker Antoine-Laurent de Lavoisier. Dass die Veressigung auf der Umwandlung des im Wein enthaltenen Alkohols in

*Rechts: Eine Vinaigrette aus der ersten Hälfte des 19. Jahrhunderts.*

Essigsäure basierte, konnte 1821 der Engländer Humphrey Davy nachweisen und diesen Vorgang in einer entsprechenden Formel zusammenfassen.

Schritt für Schritt wurde das Mysterium der Veressigung weiter ergründet. Friedrich Kützing (1807–1893) benannte 1837 als Erster lebende Organismen als Verursacher der Essigwerdung. Diese These griff der französische Chemiker und Biologe Louis Pasteur auf, dem es dann glückte, den ursächlichen Mikroorganismus zu identifizieren: ein Bakterium der Gattung *Acetobacter*, das den Hauptbestandteil der Essigmutter bildet. In einer Abhandlung über die Essiggärung von 1864 sowie einer Arbeit über spezifische Untersuchungen des Essigs von 1868 legte Pasteur dar, dass keine Essigbildung stattfindet ohne die Beteiligung eines lebenden Organismus, den er damals noch *Mycoderma aceti* nannte. Interessanterweise führte Pasteur übrigens seine Studien im Auftrag einiger Winzer durch, die den Ursachen für die Fehler ihrer Weine auf die Spur kommen wollten.

Dank Pasteurs Entdeckung veränderte sich die Essigproduktion radikal. An die Stelle bescheidener Familienbetriebe traten alsbald vor allem in Frankreich, Deutschland und Italien erste Fabriken. 1867 gründete Giovanni Ponti, ein junger Mann aus der Provinz Novara, der den Spitznamen *Giuanin d'la asei* (»Essig-Giovanni«) trug, eine Firma, der er seinen Namen gab. Heute ist Ponti in Italien (und darüber hinaus) das größte Unternehmen im Essigsektor. Daneben erbrachte eine im Jahr 1886 in Italien durchgeführte Zählung 66 Essigwerke, die auf eine Produktionsmenge von über 100 000 Hektolitern jährlich kamen. Zu jener Zeit wurde der Essig ausschließlich in Ballonflaschen verkauft, und dies hauptsächlich in den Sommermonaten.

*Oben: Der englische Wissenschaftler Humprey Davy fasste 1821 den Vorgang der Veressigung in einer Formel zusammen.*

*Rechte Seite: Louis Pasteur entdeckte 1837 das Bakterium, das hinter der Verwandlung von Wein in Essig steckt.*

## Essig in der Körperpflege

Nachdem hier bereits die kulinarischen und medizinischen Verwendungszwecke des Essigs beleuchtet wurden, darf sein Einsatz in der Körperpflege nicht unerwähnt bleiben. Er nahm im Verlauf des 19. Jahrhunderts langsam, aber stetig zu, vor allem in erlauchten Kreisen. In ihrer Ausgabe vom 15. Februar 1873 veröffentlichte die Tageszeitung »Il Secolo« eine Anzeige, in der sich der König Portugals, die Königinnen der Niederlande und Belgiens sowie die Prinzessin von Wales dazu bekannten, einen Toilette-Essig zu verwenden, »der dem Wasser einen angenehmen Duft sowie straffende und erfrischende Eigenschaften verleiht«. Außerdem sollte dieser *Vinaigre de toilette* oder *Vinaigre hygiénique*, wie man auch sagt, Frostbeulen verhindern und »die Muskeln kräftigen«. In derselben Anzeige wurde noch ein Essigsalmiak (präziser wäre wohl Ammoniakessigsalz) als ideales Desinfektionsmittel für jene angepriesen, die Krankenhäuser, Lazarette und »generell solcherlei Ort, an denen üble und gesundheitsschädliche Ausdünstungen vorkommen«, besuchen müssen.

Der Kosmetik-Essig galt darüber hinaus, insbesondere wenn er auf der Kombination von Apfelessig und Rosen- oder Orangenblütenwasser beruhte, als exzellentes Tonikum zur Klärung der Gesichtshaut mit stark reinigender und adstringierender Wirkung. Ein klassisches Mittel früherer Tage, das es durchaus wieder zu entdecken gilt ...

*»Morgentoilette«, Illustration in La femme à Paris von Octave Uzanne, erschienen 1894.*

## Das 20. Jahrhundert: eine Qualitätswende

Die ersten industriell ausgerichteten Betriebe in Italien verwendeten als Ausgangssubstanz Äthylalkohol, weil dieser zum einen wenig kostete und zum anderen damals günstiger besteuert wurde. Der Branntweinessig konnte durch den Zusatz von Wein gefärbt werden, weshalb in den ersten beiden Jahrzehnten des 20. Jahrhunderts die Weinessigproduktion in Italien, da präzise Gesetzesvorschriften hierzu fehlten, größtenteils weiterhin auf kleine Manufakturen beschränkt blieb (wenige Ausnahmen bildeten etwa die in der Provinz Novara sowie in Turin, Modena und Neapel gegründeten Essigwerke). Natürlich entstand ein erheblicher Teil der Weinessige vor allem in den klassischen Weinbaugebieten (Piemont, Emilia, Toskana).

Eine deutliche Qualitätswende brachte ein Gesetz zur Regelung der Produktion, das 1925 in Kraft trat und den Gebrauch der Bezeichnung »Essig« rein auf Weinessig beschränkte. Gleichzeitig untersagte es den weiteren Verkauf von Essig, der mit Essigsäure hergestellt war, ebenso wie das Färben von Branntweinessig mittels Wein und verfügte, dass Branntweinessig, um zukünftig Irreführungen zu vermeiden, nur noch unter diesem Namen vermarktet werden dürfte. Nur wenige Jahre später, 1932, wurde der Branntweinessig in Italien per Gesetz endgültig vom unmittelbaren Gebrauch als Nahrungsmittel ausgenommen und durfte von da an nur noch für die Herstellung von Gemüse- und Fischkonserven verwendet werden. Seit jener Zeit hat sich in Italien eine ansehnliche Essigindustrie herausgebildet, die

*Die Niederlassung von Ponti in Ghemme, Provinz Novara.*

sich gleich auf dem Markt behaupten konnte und binnen weniger Jahre eine beträchtliche Entwicklung zu verzeichnen hatte. Es wurden schnellere Gärprozesse eingeführt, und man wechselte vom Oberflächen- zum Submersverfahren.

Im Verlauf des 20. Jahrhunderts hat der Essig einen immensen Aufschwung genommen, sodass er heute, ähnlich wie das Olivenöl, in den Küchen der ganzen Welt zu den beliebtesten Würzen zählt. Zu dem Erfolg beigetragen hat auch die in den letzten Jahrzehnten erfolgte Wiederentdeckung des Balsamico-Essigs aus Modena (in der IGP- wie auch in der traditionellen DOP-Version) und aus Reggio Emilia.

Die Parolen des neuen Jahrtausends lauten einerseits Innovation und andererseits Tradition. So erfindet sich der Essig gleichsam mit neuen Erzeugnissen stetig neu. Rund um den Globus möchten viele Köche die Cremes von Aceto Balsamico di Modena IGP nicht mehr missen, und aromatisierte Essige, angereichert mit Gewürzen oder Kräutern, erfüllen vielfältige Verbraucherwünsche. Darüber hinaus bietet der Markt heute eine breite Palette anderer Essige, die zwar schon eine lange Tradition haben, doch erst durch die moderne Handelswelt größeren Kundenkreisen bekannt wurden. Man denke hier etwa an den Cidre- und Apfelessig, an Bier- und schließlich an Reisessig, der vor allem in der chinesischen Küche Verwendung findet.

Umgekehrt wird auch der Tradition und dem Ursprungsgedanken Rechnung getragen. So erhielt der Aceto Balsamico aus Modena im Juni 2009 in Anerkennung seiner tausendjährigen Geschichte und eben zum Schutz dieser Tradition das EU-Prädikat IGP (Indicazione Geografica Protetta).

LA DOMENICA DEL CORRIERE

Si pubblica a Milano ogni Domenica
Dono agli Abbonati del "Corriere della Sera"

UFFICI DEL GIORNALE:
Via Solferino, 28
MILANO

Anno X. - N. 51.    2 - 9 Agosto 1908    Centesimi 10 il numero.

corridore italiano Dorando Pietri giunge primo nella corsa di Maratona ma è squalificato perchè si lasciò inconsciamente sorreggere

(Disegno di A. Beltrame, da fot. com, da Fiorilli.)

*Die Darstellung Achille Beltrames auf der Titelseite der Illustrierten »Domenica del Corriere« vom 2.–9. August 1908 zeigt Dorando Pietri beim Marathonwettbewerb der Olympischen Spiele in London.*

## Ein Stoff für Ausdauersportler

Bei den Olympischen Spielen 1908 in London schrieb der Marathonläufer Dorando Pietri unfreiwillig Geschichte. Völlig erschöpft absolvierte er die letzten Meter, und schließlich halfen ihm Kampfrichter über die Ziellinie. Eben wegen dieser Hilfeleistung wurde er disqualifiziert, und nicht einmal der öffentliche Protest, zu dem Sir Arthur Conan Doyle (der Erfinder von Sherlock Holmes) aufgerufen hatte, konnte das Olympische Komitee bewegen, seine Entscheidung zurückzunehmen. Als Trostpreis bekam Pietri von der Königsgemahlin Alexandra den Titel des moralischen Siegers samt einem Pokal verliehen, der noch heute in Carpi aufbewahrt wird.

Seinerzeit durften die Athleten während des Wettkampfs kein Wasser trinken. Es war ihnen lediglich erlaubt, an Zitronenscheiben oder einem mit Essig getränkten Lappen oder Schwamm zu lutschen. Tatsächlich ist Pietri auf manchen Fotos mit einem Tuch in der Hand zu sehen. Da einige der teilnehmenden Wettstreiter den Geruch von Essig nicht kannten, entstand ein fatales Missverständnis: Sie meinten, der Lappen sei mit Strychnin präpariert (es wurde früher mitunter von Sportlern als Stimulans missbraucht) und bezichtigten daher den Marathonläufer des Dopings.

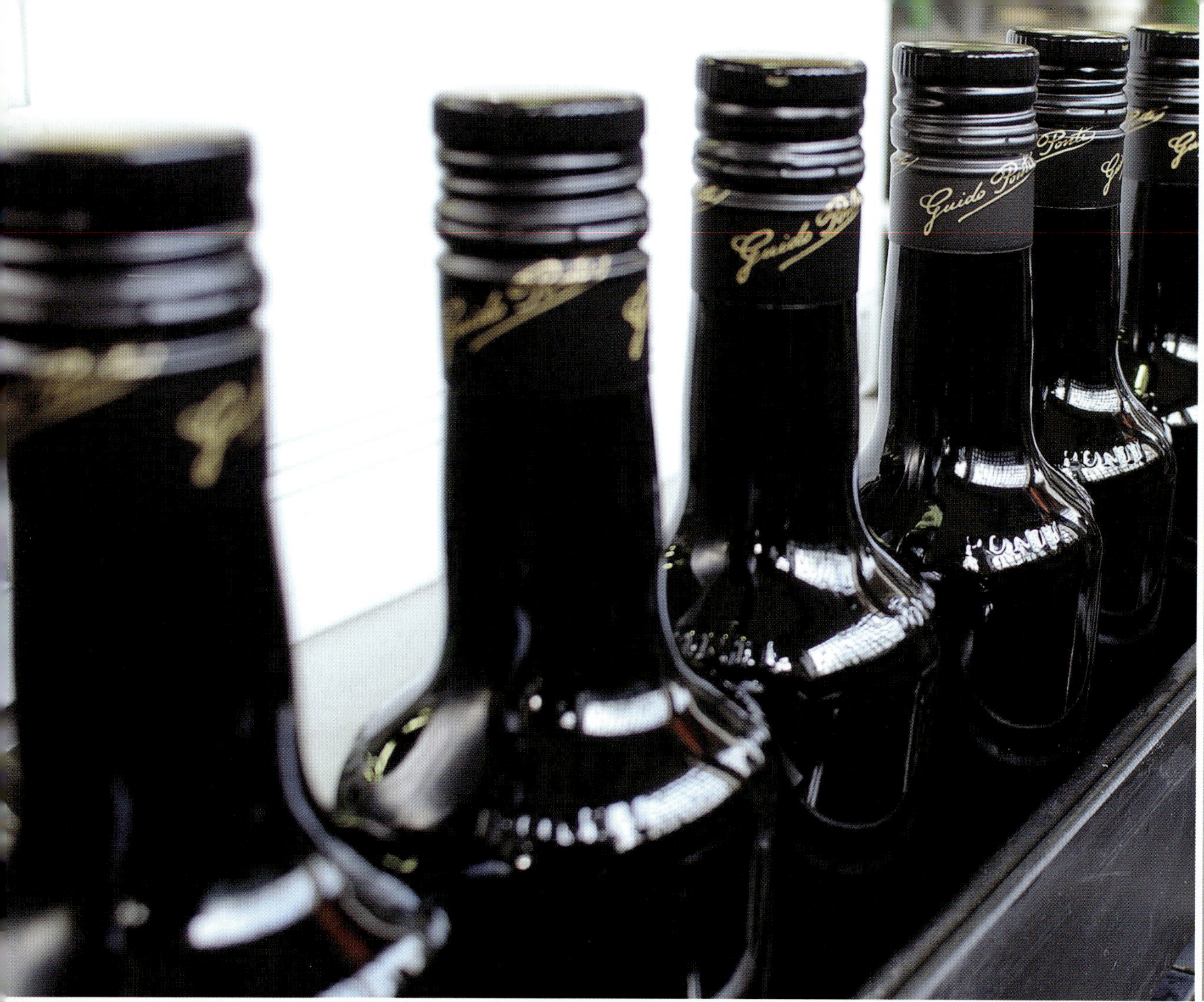

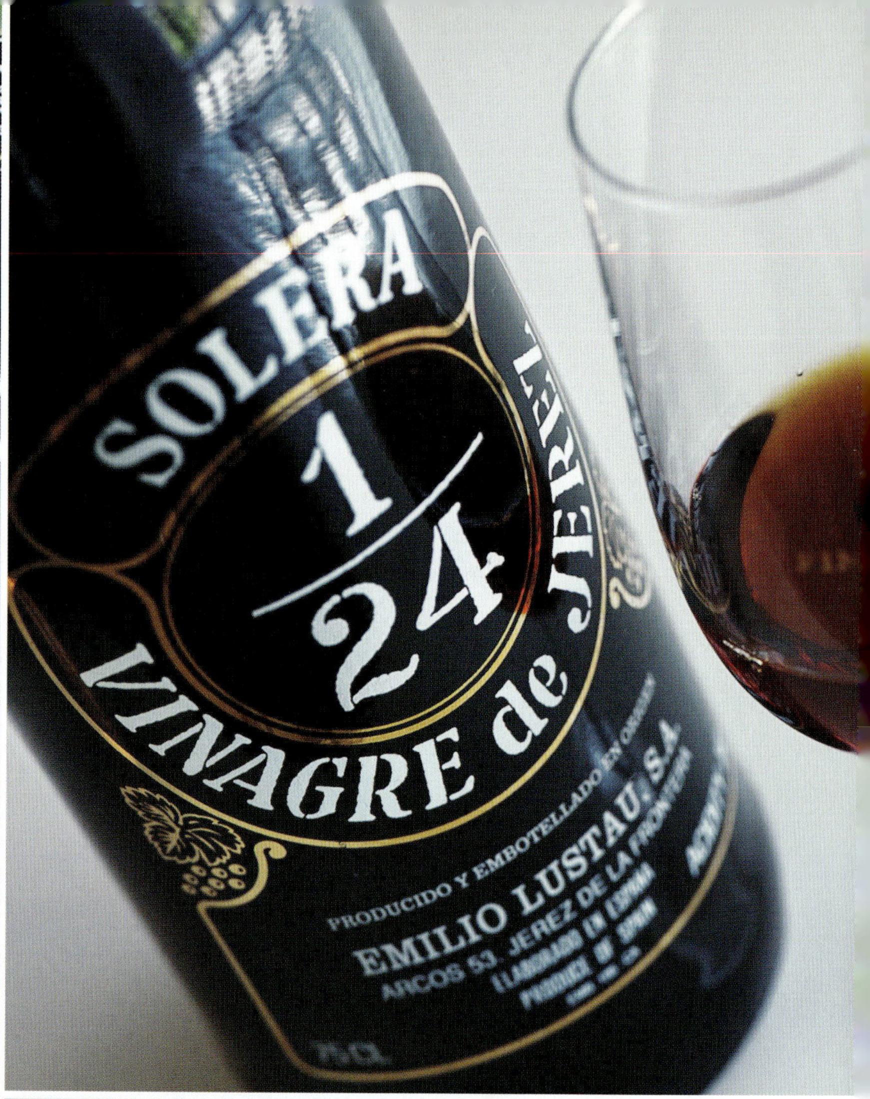
SOLERA
1/24
VINAGRE de
PRODUCIDO Y EMBOTELLADO EN ORIGEN
EMILIO LUSTAU, S.A.
ARCOS 53. JEREZ DE LA FRONTERA

DE CIDRE
DE CIDRE

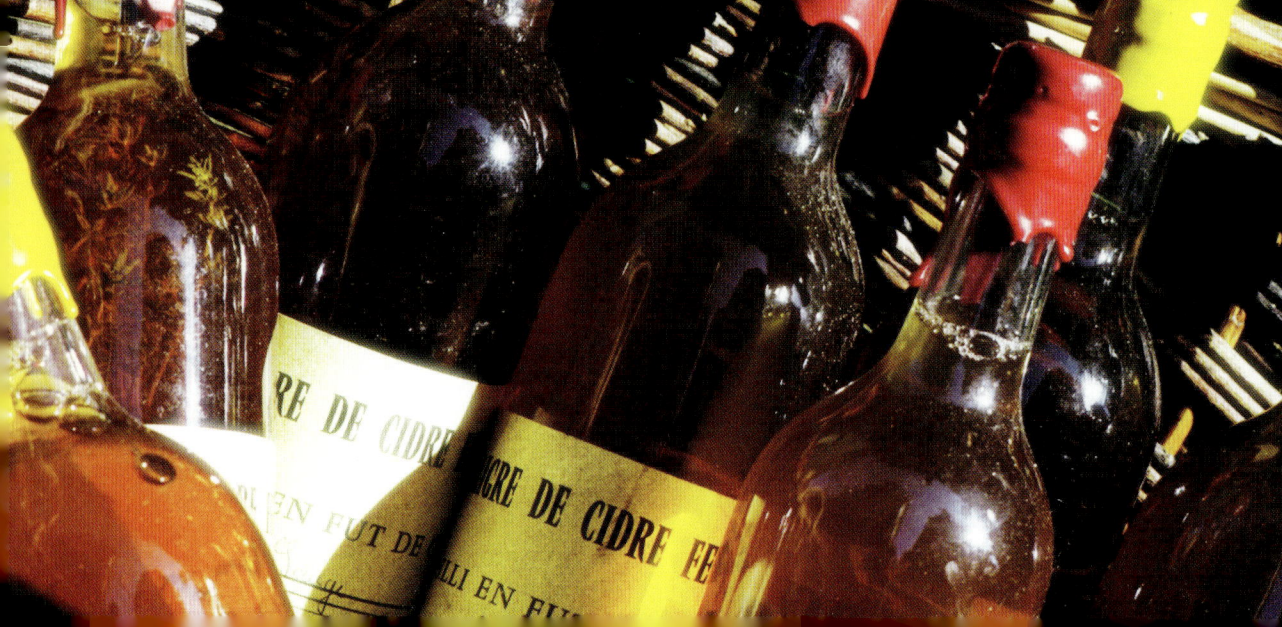

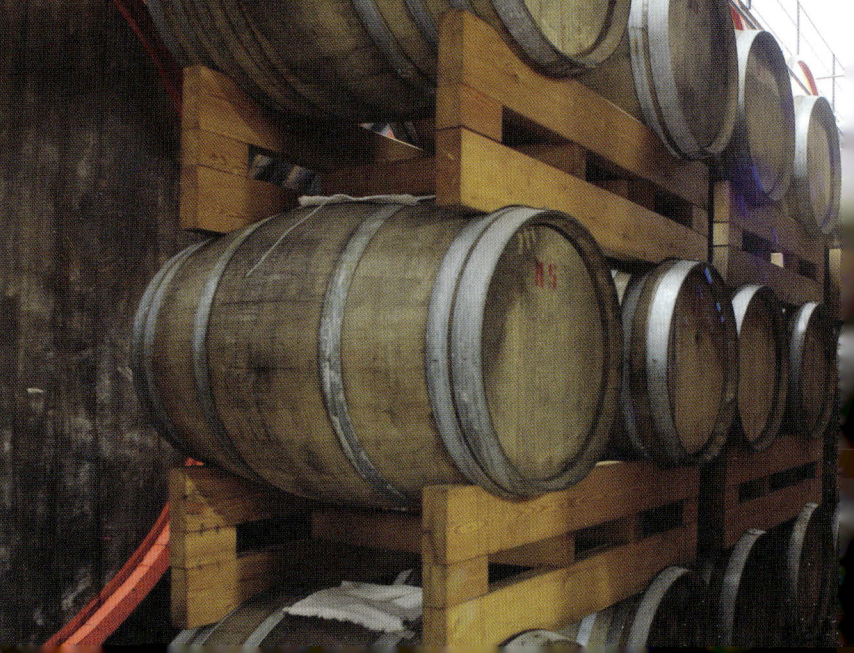

# Der Essig in Italien und der Welt

## Eckdaten eines Lebensmittels, das auch die Nerven stärkt

In Lexika wird der Essig mehr oder weniger gleichlautend wie folgt beschrieben: »Hergestellt durch die Gärung alkoholhaltiger Flüssigkeiten, Verwendung als Würze und zum Haltbarmachen von Nahrungsmitteln«. Chemisch gesehen handelt es sich um eine unreine, mit Essigsäure verdünnte Lösung, gewonnen durch die Essigsäuregärung alkoholhaltiger Flüssigkeiten, bei denen es sich um Wein handeln kann (in Ländern, in denen dieses Getränk erzeugt wird), die aber ebenso aus Früchten und verschiedenen Getreidearten hervorgegangen sein können.

Die Gärung erfolgt aufgrund der Aktivität von Bakterien, die bewirken, dass sich der Sauerstoff an den Alkohol bindet.

Diese Reaktion stellt sich folgendermaßen dar: $C_2H_5OH + O_2 \rightarrow CH_3COOH + H_2O$.

Damit wären die rein technischen Fakten zunächst einmal geklärt. Mehr Ausführlichkeit ist hingegen vonnöten, um dem Leser eine Ahnung von der unendlichen Essigvielfalt rund um den Globus sowie von den spezifischen Eigenschaften zu vermitteln, die dieses Erzeugnis so einzigartig machen. Zu 80% enthält Essig Wasser, der Rest besteht aus einem außergewöhnlichen Konzentrat von belebenden und kräftigenden Substanzen: Es handelt sich um Vitamine und Tannine, Mineralstoffe (darunter Calcium, Kalium, Magnesium und Eisen), Alkohole, Proteine, Aminosäuren sowie organische Säuren (beispielsweise Essig-, Zitronen-, Apfel- und Weinsäure). Nicht von ungefähr wird Essig mitunter als Lebensmittel beschrieben, das unsere Nerven anregt und stärkt und auch insofern als wichtiger Bestandteil unserer täglichen Ernährung anzusehen ist.

*Linke Seite, von links nach rechts und von oben nach unten: Abfüllanlage für den Aceto Balsamico di Modena IGP von Ponti; spanischer Essig aus Jerez, erzeugt im Sherry-Haus Emilio Lustau; Cidre-Essig aus Frankreich; Barriques für die Reifung des Aceto Balsamico di Modena im Keller des Betriebs Modenaceti mit Sitz in Vignola.*

## Italienische Gesetzesvorgaben zur Säure und anderen Merkmalen

In Italien ist die Essigherstellung seit dem 12. Februar 1965 klar gesetzlich geregelt. Damals erschien der Erlass des Präsidenten der Republik (D.P.R.) Nr. 162, dem geänderte Fassungen folgten. Essig muss demnach nicht notwendigerweise aus Wein hervorgehen, sondern kann auch durch Vergären anderer Flüssigkeiten landwirtschaftlicher Herkunft gewonnen werden.

Was sind nun die Haupteckdaten dieses Erlasses? In Paragraf 1 spezifiziert er: »Unter dem Säuregehalt von Essigen versteht man die Gesamtsäure, ausgedrückt in Gramm Essigsäure pro 100 Milliliter Essig und erfasst mit den offiziellen Analysemethoden.« Die Bezeichnung »Weinessig« darf ausschließlich für ein Produkt verwendet werden, das »durch den Vorgang der Essigsäuregärung von Weinen gewonnen wurde und folgende Analysewerte aufweist: Gesamtsäure, ausgedrückt in Essigsäure, von mindestens 6 Gramm pro 100 Milliliter; Alkoholgehalt von höchstens 1,5% Vol. […]«.

Ein anderer wesentlicher Punkt der Regelung gilt dem gesetzwidrigen Strecken und Panschen durch Zusatz von **Wasser** oder **Farbstoffen**: »Bei der Bereitung von Essig ist es, neben der Anwendung der für Weine zugelassenen Praktiken und Behandlungen […], erlaubt, Wasser zuzugeben, sofern dies nur in den Fabrikationsstätten erfolgt. Farbzusätze sind nicht gestattet.«

Auch eine eventuelle **Aromatisierung** ist geregelt: »Der Essig darf angereichert werden, ob durch direkte Mazeration der Zutaten oder durch Beimischen von Auszügen, die 5% des Volumens nicht überschreiten dürfen. Es sind nur natürliche Aromazusätze erlaubt, die gesundheitlich unbedenklich und insofern für die Verwendung in Lebensmitteln zugelassen sind. Auf diese Weise hergestellte Erzeugnisse sind als »Weinessig aromatisiert mit …« auszuweisen«.

*Verschiedene Essigtypen: Apfel-, Weißwein- und Rotweinessig, Balsamico di Modena und Himbeeressig. Die jeweiligen Ingredienzen des Essigs und die Dauer seiner Reifung bestimmen die endgültige Farbe.*

Nachdem 1965 die grundsätzlichen Produktionsrichtlinien formuliert worden waren, wurden in den darauffolgenden Jahrzehnten durch verschiedene weitere ministerielle Verfügungen die **Qualitätsmerkmale** des Essigs genau definiert. Dabei ging es auch darum, die Verwendung gesundheitsschädlicher Substanzen zu unterbinden. So legte der Erlass vom 27. März 1986 in Paragraf 3 fest, dass für den direkten Verbrauch oder für die Zubereitung von Speisen bestimmte Essige pro Liter höchstens 5 Milligramm Zink, 1 Milligramm Kupfer, 0,3 Milligramm Blei, 1 Milligramm anorganisches Brom, 60 Milligramm Borsäure und, Obstessige ausgenommen, 70 Milligramm Sorbit enthalten dürften.

## Italienische Gesetzesvorgaben zu Obstessigen und anderen Produktionsdetails

Gesetzlich strikt geregelt wurden ebenso die Erzeugung, der Import, der Transport und der Vertrieb von **Obstessigen**, die, obwohl es sich zweifellos eher um Nischenprodukte handelt, dennoch hohe Qualitätsstandards einhalten sollten. Per Gesetz Nr. 527 vom 2. August 1982 wurde in Paragraf 1 verfügt, dass die Gesamtsäure von Obstessigen zwischen 5 und 12 Gramm pro 100 Milliliter liegen muss sowie der Alkoholgehalt 1,5% nicht übersteigen darf, und es wurden auch weitere Höchstgrenzen für andere Substanzen festgelegt. Das Etikett muss die Herkunft des Produkts mit der Angabe »Aceto di ...« plus Ursprungsgebiet benennen.

Selbiges Gesetz führt darüber hinaus, obwohl es eines solchen Hinweises eigentlich gar nicht bedurft hätte, explizit aus, dass der Essig ein edles Erzeugnis ist und nicht etwa, wie bis heute

*Um aromatisierte Essige zu erhalten, lässt man entweder die rohen Zusätze (etwa Lorbeer, Rosmarin, Salbei oder Pfeffer) direkt im Essig ziehen oder fügt diesem aromatische Auszüge hinzu.*

gelegentlich immer noch behauptet, ein Abfallprodukt aus der Weinerzeugung. Es darf folglich ausschließlich **gesunder Wein** oder solcher mit einem etwas überhöhten Säuregehalt, bei dem der Anteil an flüchtiger Essigsäure zwischen 1,5 Promille (ab diesem Wert ist ein Wein für den Trinkgenuss nicht mehr geeignet) und 8 Promille liegt, zu Essig verarbeitet werden. Das Gesetz untersagt indes, »gekippte« oder auch schadhafte Weine, bei denen die Gärung beispielsweise infolge mangelhaften Traubenguts oder zu warmer Umgebungstemperaturen fehlgeschlagen ist, für die Essigherstellung zu verwenden, da sie Erzeugnisse mit unerfreulichem Geschmacksprofil ergeben könnten.

Nachfolgende Ergänzungsgesetze richteten sich einerseits auf die **Lagerung**, **Produktion** und **Abfüllung** und bemühten sich andererseits um eine unmissverständliche Definition der Begriffe Aceto Balsamico Tradizionale di Modena respektive Reggio Emilia sowie Aceto Balsamico di Modena.

*Von links nach rechts: Zwei Momentaufnahmen des Abfüllprozesses des Aceto Balsamico di Modena IGP Ponti Capsula Oro; Flaschen mit Weißweinessig von Ponti auf dem Weg zur Etikettierung.*

Das jüngste Gesetz (Nr. 82, datiert vom 20. Februar 2006) ist der Umsetzung der neuen EU-Weinmarktordnung gewidmet. In der Passage, die sich mit den Vorschriften zur Essigproduktion befasst, werden die Begrifflichkeiten definiert, die die Verwendung der Produktbezeichnung »Essig« rechtfertigen. Außerdem sind die Erfordernisse beschrieben, die **Essigfabriken** und **-lager** erfüllen müssen (in denen auch Essigkonserven hergestellt und abgefüllt werden dürfen), und es werden verschiedene Verbote formuliert. So ist es ausdrücklich untersagt, verfälschte, verdorbene oder mangelhafte Produkte in den Verkehr zu bringen, unzulässig ist des Weiteren die Lagerung von Essigsäure.

Darüber hinaus schreibt das Gesetz ein **Register** vor, mit dem der jeweilige Betrieb über die eingehenden Mengen an Rohmaterial sowie die Mengen der daraus gewonnenen Produkte Buch zu führen hat und in das das Istituto Controllo Qualità (Qualitätskontrollbehörde) jederzeit Einsicht nehmen kann.

*Von links nach rechts: Weinsilos in Ghemme; Holzbehälter für die Reifung von Weinessig; Lagertanks aus Edelstahl in Vignola.*

## WEINESSIG: STANDARD- UND PREMIUM-PRODUKTE, AROMATISIERTE ESSIGE, TYP »BALSAMICO«, ENTFÄRBTE ESSIGE

Die italienische Gesetzgebung unterscheidet bei Weinessigen fünf Handelsklassen, nämlich Standard- und Premium-Produkte, aromatisierte Essige, den Typ »Balsamico« und entfärbte Essige. Nachfolgend sind die einzelnen Kategorien in ihren Grundzügen beschrieben.

**Standard-Essige:** Sie werden aus Vini da Tavola (Tafelweinen) oder aus Weinen mit einem Alkoholgehalt von unter 8% Vol. bereitet. Die Gärung geht schnell vonstatten, bereits nach einer kurzen Reifung erfolgen die Klärung und Filtration. Es handelt sich Massenprodukte mit kurzer Haltbarkeitsdauer.

**Premium-Essige:** Diese Erzeugnisse gehen aus hochwertigen, mitunter auch gereiften Weinen hervor, deren charakteristische Merkmale infolge der langsam ablaufenden Essiggärung gut erhalten bleiben. Auf eine 6- bis 8-monatige oder auch noch längere Ruhezeit in Holzfässern folgt eine Reifung in Edelstahltanks. Die je nach Ursprungswein roten oder strohgelben Essige sind qualitativ wie in ihren Duft- und Geschmackseigenschaften den Standard-Essigen überlegen.

In die Kategorie der Premium- oder Delikatess-Essige fallen auch Erzeugnisse, die auf aromatischen Traubensorten wie Moscato oder Malvasia basieren. Eine Sonderklasse bilden die sogenannten Heilessige, bereitet beispielsweise mit Kampfer, Salmiak, Senf oder Pflanzenteilen der Herbstzeitlosen. Sie sind heute allerdings nicht mehr gebräuchlich.

48

*Die Abfüllanlage für den Aceto Balsamico di Modena IGP von Ponti in Ghemme.*

**Aromatisierte Essige:** Als Ausgangsbasis für diese Produkte dienen stets Premium-Essige, in denen man für die Dauer von 40–60 Tagen sorgsam ausgewählte Kräuter oder Gewürze ziehen lässt. Beliebte »Aromaspender«, die einzeln oder auch in Kombination verwendet werden, sind Origano, Thymian, Knoblauch, Pfeffer, Chilischoten, Estragon und Lavendel. Die zusätzlichen Aromen entfalten sich besonders intensiv in Verbindung mit warmen Speisen und unterstützen auch die Verdauung. Anstatt die Aromaten direkt im Essig ziehen zu lassen, kann man diesem ebenso einen aus der würzenden Zutat bereiteten Auszug hinzugeben.

**Balsamico-Essige:** Ihre Besonderheit besteht darin, dass sie nicht aus Wein, sondern aus eingekochtem Traubenmost bereitet werden. Klassische Vertreter dieser Kategorie sind der Aceto Balsamico di Modena IGP sowie der Aceto Balsamico Tradizionale di Modena respektive di Reggio Emilia DOP.

**Entfärbte Essige:** Diesen Erzeugnissen wurden alle Farbpigmente und Tannine entzogen, sodass sie sich völlig farblos präsentieren – im Italienischen werden sie daher auch als »papierweiß« oder »wasserfarben« bezeichnet. Sie kommen fast ausschließlich bei der industriellen Herstellung von Saucen, Mixed Pickles und dergleichen zur Verwendung.

*Eine reichhaltige Farb- wie auch Duftpalette erwartet den Genießer in der Welt des Essigs. Mit Ausnahme des Balsamico Tradizionale präsentieren sich die übrigen Essige ziemlich dünnflüssig und mit transparentem Schimmer.*

## Weitere in Italien erzeugte Essigtypen

Neben den zuvor beschriebenen Erzeugnissen findet man in Italien noch andere Essige, die weder auf Wein noch auf Traubenmost basieren. Sie lassen sich nicht so ohne Weiteres einer bestimmten Kategorie zuordnen und werden zumeist in Kleinbetrieben oder jedenfalls in geringen Mengen hergestellt. Ihre Qualität aber ist stets überragend, und ihr gesundheitlicher Wert steht außer Frage. Eine nicht unerhebliche Bedeutung kommt dem **Apfelessig** zu, dem in Italien populärsten unter allen Obstessigen, der vor allem dort entsteht, wo traditionell intensiv Apfelanbau betrieben wird. Für seine Gewinnung lässt man Apfelmost zu Apfelwein

vergären, aus dem dann unter der Einwirkung von *Acetobacter* der Essig hervorgeht. Dieser schmeckt sanfter als Weinessig (gemäß dem italienischen Lebensmittelrecht darf Apfelessig mit 5% Säure in den Handel gebracht werden) und unterstützt dank seines ausgewogenen Gehalts an Aminosäuren, Vitaminen sowie Mineralstoffen nicht nur wichtige Körperfunktionen, sondern wirkt auch vorzeitigen Alterserscheinungen entgegen.

Eine weitere wichtige Gruppe bilden die **übrigen Obstessige** (basierend unter anderem auf Himbeeren, Brombeeren, Blaubeeren, Pfirsichen und Feigen), die **Getreideessige** (etwa aus Malz, Reis, Gerste oder Mais) sowie der **Honigessig** (gewonnen durch Fermentation von Met, der seinerseits aus Honig und Wasser bereitet wird).

*Apfelessig ist in ganz Europa ein Verkaufsschlager. Von mehr oder weniger eindringlichem Goldgelb, liefert er dem Körper wertvolle Enzyme und Mineralstoffe.*

## Die Essige Europas

Zwar mag Italien in puncto Produktionsvolumen und Qualität seiner Essige europaweit führend sein, doch hat es in Frankreich und Spanien ernstzunehmende Konkurrenten. Sie sind ebenfalls Anbieter hervorragender Weine und können gleichermaßen auf eine jahrhundertealte, glanzvolle Tradition der Bereitung von Essig verweisen.

In **Frankreich** war die Essigherstellung schon im Spätmittelalter ein bedeutender Wirtschaftszweig. Auf das Jahr 1394 gehen die Statuten der Zunft der *vinaigriers* von Paris zurück, die damals in der Produktion wie im Verkauf von Essig, Senf und dem aus noch grünen Trauben bereiteten Verjus eine dominierende Stellung einnahm.

Das eigentliche Handelszentrum für Weinessig aber war Orléans mit seinem bedeutenden Binnenhafen. Per Schiff wurden seinerzeit die in Anjou und der Touraine gekelterten Weine dorthin gebracht. Doch bis sie den langwierigen Transport hinter sich hatten, waren viele Fässer bereits verdorben. Anstatt den sauer gewordenen Wein wegzuschütten, verwertete man ihn noch für die Essigerzeugung. Auch dank der besonderen Herstellungsmethode, die bis heute als Orléans-Verfahren bekannt ist (siehe Seite 76), erwarb sich dieser Essig weit über die Landes-grenzen hinaus einen ausgezeichneten Ruf. Er galt als der Beste ganz Frankreichs, war in den Niederlanden äußerst geschätzt und wurde sogar nach Indien und Amerika exportiert. Im ausgehenden 18. Jahrhundert waren in der Gegend von Orléans über 250 Erzeuger tätig, die allesamt durch eine königliche Lizenz legitimiert waren. Als eine der angesehensten Adressen

*Von 1789 bis zur Einstellung der Produktion Mitte des 20. Jahrhunderts repräsentierte Dessaux Fils mit seinen Essig- und Senfspezialitäten die Tradition von Orléans par excellence.*

53

galt die *vinaigrerie* Dessaux Fils, die, gegründet 1789, bis Ende des 19. Jahrhunderts zu einem der bedeutendsten Essighersteller weltweit aufstieg. Mit der Entwicklung neuer Konservierungs- und Sterilisationsverfahren sank der Stern von Orléans allmählich, schließlich hatte der Essig in der Haltbarmachung von Nahrungsmitteln eine ganz große Rolle gespielt. Heute ist in der Stadt mit Martin Pouret nur noch ein Essigproduzent ansässig, dessen Haus jedoch bereits seit 1797 besteht.

Dennoch lebt die französische Tradition im Bereich der Rotwein- wie Weißweinessige weiter. Für Erstere kommen bisweilen so edle Rebsorten wie Pinot Noir oder Cabernet Franc zur Verwendung, und manchmal werden sie auch direkt aus Bordeaux-Weinen oder anderen kostbaren Tropfen erzeugt. Unter den für Weißweinessige verarbeiteten Trauben finden sich so klangvolle Namen wie Chardonnay und Muscadet.

Eine Besonderheit ist der »Vinaigre de Reims«, denn für ihn verwendet man den Hefesatz, der sich während der Flaschengärung beim Champagner bildet und den man dann beim Dégorgement entfernt. Er wird während der Essiggärung zugesetzt und anschließend durch Filtration entfernt. Der Essig reift schließlich mindestens zwölf Monate in Eichenfässern und präsentiert sich zuletzt mit einer gelblich braunen Farbe sowie einem einzigartigen Bukett. Es gibt auch bis zu sechs Jahre gereifte Exemplare und eine mit Himbeeren aromatisierte Variante.

*Vorhergehende Seiten: Weinberge in der Gegend von Epernay, wo Champagner erzeugt wird; ein Blick in die Kellerei Taittinger in Reims.*

*Oben: Cidre, gewonnen durch die Fermentation von Äpfeln, liefert auch die Ausgangsbasis für einen Essig gleichen Namens. Besonders begehrt sind die Erzeugnisse aus der Normandie.*

Aromatisierte Weinessige sind in Frankreich recht verbreitet. Als Aromazutaten dienen Früchte (vor allem Beeren), aber auch etwa der Saft von Zitrusfrüchten. Beliebt sind des Weiteren Kräuter wie Salbei, Thymian, Rosmarin und Estragon und ebenso Schalotten. Nördlich der Alpen findet man Varianten, die mit Walnüssen oder mit Wildmohn aromatisiert sind. Weiter wird die französische Palette durch die Cidre-Essige aus der Normandie und dem Elsass bereichert sowie durch Honigessig, bereitet mit dem uralten Orléans-Verfahren.

Auch in **Spanien** hat die Erzeugung von Rot- wie Weißweinessigen einen hohen Stellenwert. Sie alle werden überstrahlt vom Essig aus Jerez, der Stadt, nach der der Sherry benannt ist. Das Produktionsgebiet des Sherryessigs umschließt die gesamte Region um Jerez de la Frontera, Sanlucar de Barrameda und El Puerto de Santa Maria in der andalusischen Provinz Cádiz.

Gemäß den Richtlinien zur Herstellung dieses Essigs müssen die verwendeten Weine ausschließlich von Trauben der Sorten Palomino, Pedro Ximénes und Moscatel gekeltert sein, die den Rebflächen innerhalb des DO-Bereichs »Jerez-Xérès-Sherry« zu entstammen haben, zudem müssen sie einen Mindestalkoholgehalt von 9,5% und dazu einen beträchtlichen Säurepegel aufweisen.

*Eine Auswahl von Sherryessigen. Vinagre de Jerez reift maximal zwei Jahre, während Vinagre de Jerez Reserva, die zweite offiziell anerkannte Typologie, die Reifezeit von zwei Jahren überschreiten muss.*

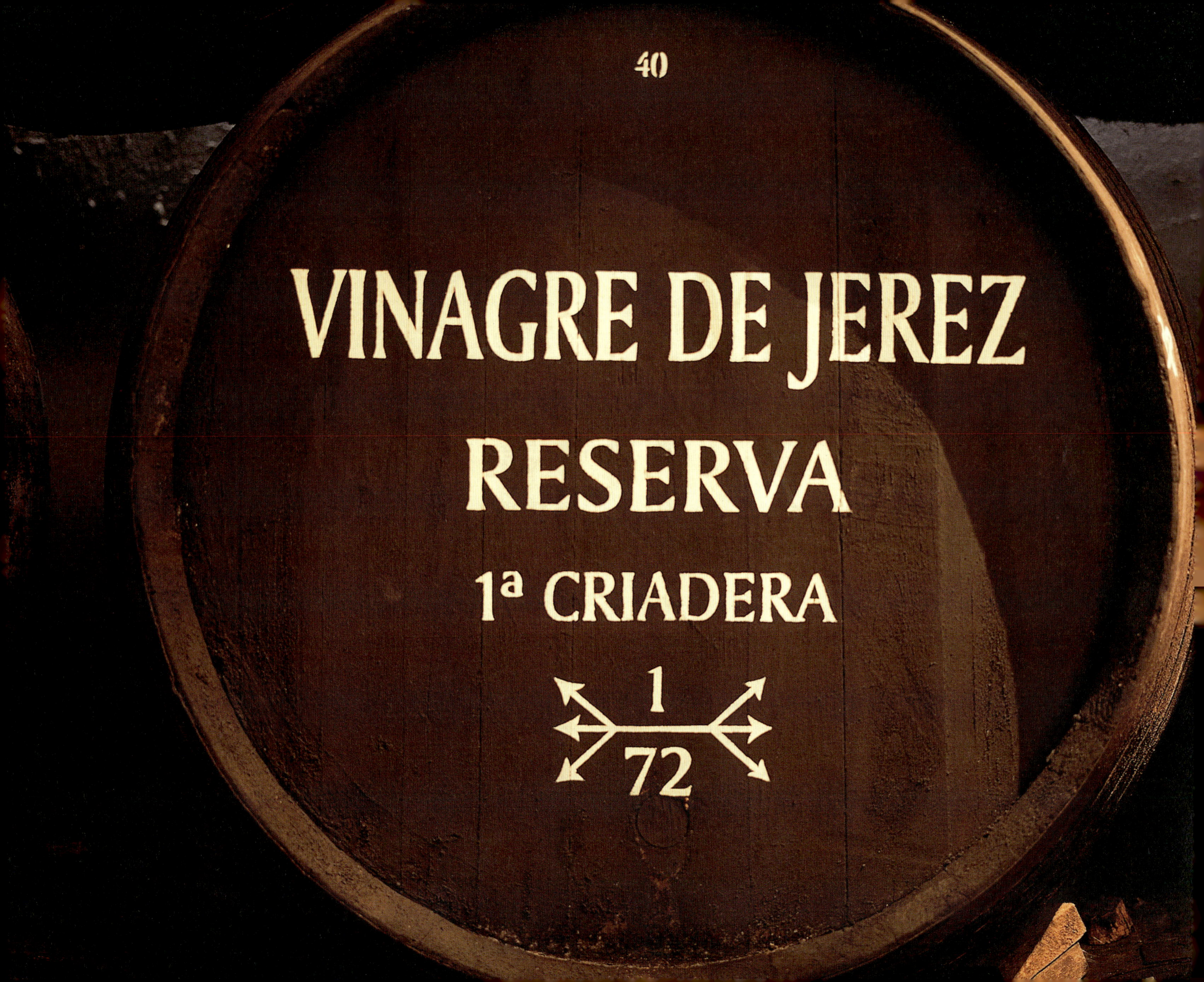
40
VINAGRE DE JEREZ
RESERVA
1ª CRIADERA
1
72

Doch ist es die ausgeklügelte Ausbaumethode, der dieser Essig seinen Ruhm verdankt. Sie ist unter dem Namen *criaderas y soleras* bekannt und basiert auf großen Fässer aus Eichen- oder Kastanienholz, in denen zuvor Sherry ausgebaut wurde. Diese Fässer sind in drei oder vier Stufen übereinandergestapelt. Die der untersten Stufe (*solera*) enthalten den Essig, der reif ist für die Abfüllung. Er weist, nachdem er den längsten Ausbau hinter sich hat, den höchsten Säuregrad und die größte Aroma-fülle auf. Allerdings wird immer nur ein Teil des Inhalts der untersten Fässer entnommen, und man füllt diese dann mit Essig aus der nächsthöheren Stufe wieder auf. Dieser

ist ein wenig jünger, nimmt aber, während er nun der Abfüllung entgegenreift, den Charakter des Essigs an, dem er beigemischt wurde. Die zweite Stufe wird wiederum mit Essig aus der dritten aufgefüllt, und was schließlich in der obersten Stufe (*criadera*) fehlt, wird durch frisch bereiteten Essig ersetzt.

Gemäß den offiziellen Regeln werden zwei Typen von Sherryessig unterschieden: Vinagre de Jerez, der mindestens sechs Monate ausgebaut wurde, und Vinagre de Jerez Reserva, dessen Reifung mindestens zwei Jahre dauern muss (was einige Erzeuger auf bis zu 20 Jahre und mehr ausdehnen). In beiden Fällen ist ein Säuregehalt von mindestens 7% gefordert. Kennzeichnend für den mahagonibraunen Essig ist ein weiniger, durchdringender, aber harmonischer Geschmack.

*Oben: Ein Essig aus der bodega Alvaro Domecq in Jerez de la Frontera.*

*Linke Seite: Dieses Essigfass, in dem Jerez Reserva reift, befindet sich in der ersten criadera – danach folgt nur noch, als letzte Stufe, die solera, aus der der Essig für die Abfüllung abgezogen wird.*

Weil **Großbritannien** ja nicht unbedingt ein Weinbauparadies ist und sich seine Bewohner eher an Bier halten, gründet sich die dortige Essigherstellung auf jene Zutaten, die beim Brauen verwendet werden. Am verbreitetsten ist der Malzessig, bereitet mit angekeimter und gedarrter Gerste. Die Getreidekörner werden gemahlen und mit warmem Wasser versetzt, wodurch sich die Stärke in Zucker (Maltose) verwandelt und mithin eine alkoholische Gärung (wie beim Bierbrauen) einsetzt – die Voraussetzung für die anschließende Veressigung durch die Aktivität von Essigbakterien. Die Reifung in Bottichen dauert drei Monate und mehr, der Säuregehalt beträgt mindestens 5%. Malzessig ist körperreich, sehr aromatisch und zugleich delikat. Außer für Salatdressings kann man ihn für Fleisch- und Fischgerichte verwenden, und die Briten träufeln ihn traditionell auf ihre Chips, sprich Pommes frites.

Es gibt ihn als destillierte sowie als helle und dunkle Variante. Ebenso bekommt man mit Kräutern oder Früchten aromatisierten Malzessig.

*Links: Malz bildet den Rohstoff eines in Großbritannien sehr verbreiteten Essigs.*

*Rechte Seite: Ein Kupferkessel für die Biergärung, zu besichtigen im Guinness-Museum in Dublin.*

In der **Schweiz** stellt man aus der Buttermilch, die bei der Bereitung von Butter aus Sahne als Nebenprodukt abfällt, als besondere Spezialität den *vinaigre de petit-lait* her. Die Buttermilch wird erwärmt und unter Zusatz bestimmter Hefen in eine alkoholhaltige Flüssigkeit umgewandelt, die man dann, nach erfolgter Filtration, der Essiggärung unterzieht. Heraus kommt ein Produkt von bernsteingelber Farbe, dessen nur leicht säuerlicher Geschmack seinen Ursprung nicht verhehlt. Außerdem gibt es einen aus Molke bereiteten Essig (*vinaigre de lactosérum*). Bei beiden Erzeugnissen muss die Säurekomponente hauptsächlich aus Essig- und Milchsäure bestehen, der Restgehalt an Laktose darf höchstens 5 g/l betragen.

Aufgrund ihres Säuregehalts von nur 4,5% sind diese Essige ideal für Menschen, die Magen- oder Verdauungsprobleme haben. Sie eignen sich vor allem für die Zubereitung von Saucen und liefern neben reichlich Spurenelementen aus der Milch auch Vitamin B.

## ESSIGE IN ALLER WELT

In **China, Japan** und **Korea** gilt Reisessig seit jeher als unverzichtbare Würze für zahlreiche süßsaure Speisen. Inzwischen hat er sich nicht nur in weiten Teilen Asiens einen festen Platz erobert, sondern ebenso in den Küchen Europas. Grundsätzlich unterscheidet man hellen (bernsteingelben), roten und schwarzen Reisessig.

*Oben: Aus Milch und Butter wird der Molkenessig bereitet.*

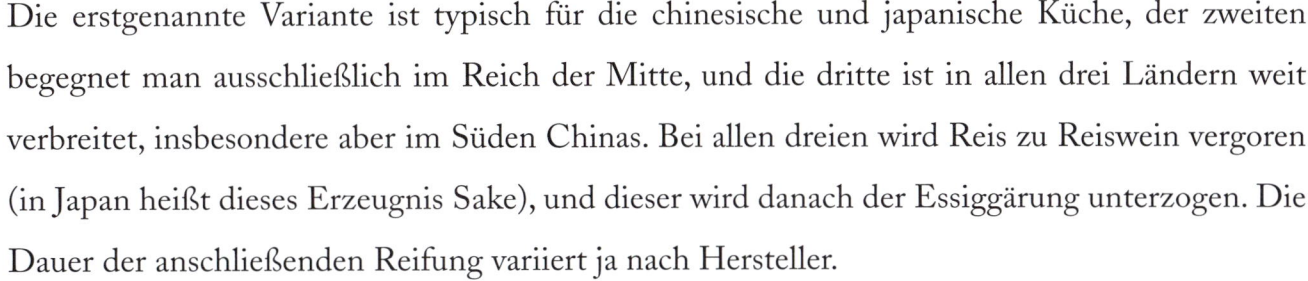

*Oben, von links:
Gefäße für die Essig-
gärung in der chinesischen
Stadt Yongji;
rohe Reiskörner und Sake,
zwei Zwischenstadien auf
dem Weg zur Gewinnung
von Reisessig.*

Die erstgenannte Variante ist typisch für die chinesische und japanische Küche, der zweiten
begegnet man ausschließlich im Reich der Mitte, und die dritte ist in allen drei Ländern weit
verbreitet, insbesondere aber im Süden Chinas. Bei allen dreien wird Reis zu Reiswein vergoren
(in Japan heißt dieses Erzeugnis Sake), und dieser wird danach der Essiggärung unterzogen. Die
Dauer der anschließenden Reifung variiert ja nach Hersteller.

Während für den hellen Essig normaler Reis verwendet wird, basieren die roten und schwarzen
Versionen zumeist auf Klebreis, der mehr Stärke enthält. Die Fabrikation industriellen Stils stützt
sich zumeist auf das schnelle Submersverfahren. Dagegen basiert die traditionelle Herstellung oft
auf dem Oberflächenverfahren. In diesem Fall kommen große Keramikgefäße zum Einsatz, die
man an einen luftigen Platz stellt. Die Gärung kann einige Monate in Anspruch nehmen.

So entstehen Essige, die mit einem Säuregehalt von lediglich etwa 4% deutlich milder als ihre westlichen Pendants sind und die säuerlichen mit den süßen Noten in perfekten Einklang bringen. Sie machen sich in Salatdressings ebenso exzellent wie auf rohem Fisch (Sushi), in Saucen sowie in süßsauren Gerichten und eignen sich vorzüglich zum Einlegen von Fleisch und Gemüse.

Es liegt auf der Hand, dass jedes Land je nach den verfügbaren Rohmaterialien eigene Essigspezialitäten entwickelt und dann in seine Kochtraditionen integriert hat. Ein für **Taiwan** typisches Erzeugnis ist etwa der Ananasessig, für den man entweder Reisessig einfach mit Ananassaft anreichert oder aber den Saft erst der alkoholischen und anschließend der Essigsäuregärung unterzieht. So gewinnt man ein Produkt mit dem typischen Fruchtaroma. Auf den **Philippinen** und in **Indien** ist dagegen ein aus dem Saft der Kokospalme bereiteter Essig sehr verbreitet.

Immense Vielfalt ist des Weiteren in **Afrika** geboten. Dort entstehen neben den Weinessigen der Mittelmeeranrainer verschiedenste andere Erzeugnisse, die von Fall zu Fall auf Kokosnuss, Mangos, Bananen, Datteln, Hirse, Palmsaft, Bambus, Honig und anderem mehr beruhen. Der Mensch muss sich offenbar schlicht auf die lokaltypischen Früchte und Traditionen besinnen, um – in diesem Fall mittels der alkoholischen und anschließend Essigsäuregärung – großartige Produkte zu erschaffen.

*Oben: In einer Anzeige preist ein chinesischer Produzent seinen schwarzen Reisessig an.*

*Linke Seite von oben nach unten und von links nach rechts: Thai-Reis, Klebreis, Patnareis und Basmatireis. Aus all diesen Sorten wird in Asien Essig hergestellt.*

# PRODUKTIONSMETHODEN UND PROZESSE

## DIE MIKROORGANISMEN ALS MOTOR DER GÄRUNG

Essig entsteht durch die Vergärung alkoholischer Flüssigkeiten, die aus landwirtschaftlichen Rohstoffen gewonnen wurden und verschiedener Art sein können (etwa Wein, Bier, Cidre oder auch reiner Alkohol), infolge der Aktivität von Bakterien, die die Fähigkeit besitzen, in einer sauerstoffhaltigen Atmosphäre den Äthylalkohol in Essigsäure zu verwandeln.

Die ersten mikrobiologischen Untersuchungen hierzu galten im Jahr 1924 Bakterien, die der Kahmhaut entstammten, die sich auf der Luft ausgesetztem Wein gebildet hatte. Was dabei beobachtet wurde, stimmte mit der Erkenntnis überein, dass Sauerstoff vorhanden sein muss, damit Essig entsteht (Wermischeff 1893, Behren 1896), die Bakterien also ihre Stoffwechseltätigkeit ausüben können. Diese Kahmhaut (Zoogloea) besteht aus Cellulose oder ähnlichen, aus komplexen Zuckerverbindungen zusammengesetzten Substanzen und ist gemeinhin als »Essigmutter« (in dem Begriff steckt das Wort »Moder«) bekannt.

Essigbakterien sind immer im Wein enthalten, sogar schon in den Trauben, und werden den allgegenwärtigen Mikroorganismen zugerechnet, die eben weit verbreitet anzutreffen sind. Früchte bieten Essigbakterien ein ideales Ambiente zum Überleben – nicht von ungefähr gehen einige Krankheiten bei Birnen und Äpfeln, ja sogar bei Zitrusfrüchten wie Grapefruits auf *Acetobacter* zurück.

*Linke Seite von links nach rechts und von oben nach unten: Acetatoren und Abfüllanlage in der Ponti-Niederlassung in Ghemme; Eichen-tonneaux für Aceto Balsamico di Modena IGP in Vignola.*

67

## Voraussetzungen für das Wachstum der Bakterien

Wie alle Mikroorganismen gedeihen auch Essigbakterien optimal bei Temperaturen zwischen 28 und 36 °C. Bei Überschreiten der 38-Grad-Marke sterben sie zwar nicht ab, stellen jedoch ihren Energiestoffwechsel ein. Folglich findet die Umwandlung von Alkohol in Essigsäure nicht mehr statt. Niedrige Temperaturen (bis 5 °C) unterbinden nicht das Wachstum der Bakterien, dämmen deren Stoffwechselaktivitäten aber dramatisch ein.

Um das Äthanol zu Essigsäure zu oxidieren, brauchen die Bakterien ein saures Milieu. Sie sind übrigens dermaßen resistent gegen Säure, dass sie sogar, je nach dem Medium, einen pH-Wert von 2,4 – 2,8 vertragen.

Interessant ist auch die Tatsache, dass unter den Bedingungen, bei denen sich die Essigbakterien entwickeln, kein anderer Mikroorganismus überlebt, der dem Menschen gefährlich werden könnte. Lediglich zwei Arten von Schimmelpilzen kann die Säure zwar nichts anhaben, doch kommen diese sehr selten vor und sind darüber hinaus nicht gesundheitsschädlich.

Inwieweit die Essigbakterien auf den Äthylalkohol ansprechen, hängt wesentlich davon ab, um welchen Bakterienstamm es sich handelt und wie es um das Nährstoffangebot des Mediums bestellt ist. Daher lässt sich nur schwer prophezeien, wie gut sie in einem Wein wachsen werden. Eines aber lässt sich mit Sicherheit sagen: Je höher der Alkoholgehalt, desto geringer die Wahrscheinlichkeit, dass sich Essigbakterien entwickeln.

*In geringen Mengen sind Essigbakterien bereits in den frisch gelesenen Trauben enthalten. Auf der Oberfläche der gärenden Flüssigkeiten vermehren sie sich dann unter dem Einfluss von Sauerstoff mit beachtlicher Geschwindigkeit.*

## Eine grosse Familie

Es war Louis Pasteur, der 1868, als er im Auftrag einiger Erzeuger aus Bordeaux untersuchte, warum Weine sauer werden, erstmals die ursächlichen Mikroorganismen ausmachte. Er taufte sie *Mycoderma aceti*, 1898 regte dann Martinus Beijerinck ihre Umbenennung in Acetobacter an. Moderne gentechnische Untersuchungsmethoden lieferten weitere Erkenntnisse, und so kristallisierte sich die Familie der *Acetobacteriaceae* heraus (der Name wurde 1980 von Gillis und De Ley eingeführt). Bei weiteren Studien konnten sechs Gattungen dieser Familie identifiziert werden, die heute unter den größten Bakterienfamilien innerhalb der Klasse der *Alphaproteobacteria* eingeordnet wird: Bis Ende 2003 waren über zugehörige 30 Spezies klassifiziert. Die Bakterien, die verschiedene Ausgangssubstanzen (Traubenwein, Cidre, Bier, Palmwein, Sake, Kakaowein) in Essig verwandeln, gehören den beiden bedeutendsten Gattungen der Familie an, nämlich *Acetobacter* und *Gluconobacter*. Dabei betätigt sich *A. xilinum* als Cellulosebildner (ihr Name wurde von dieser Eigenschaft abgeleitet: das griechische Wort *xilón* bedeutet »Holz«).

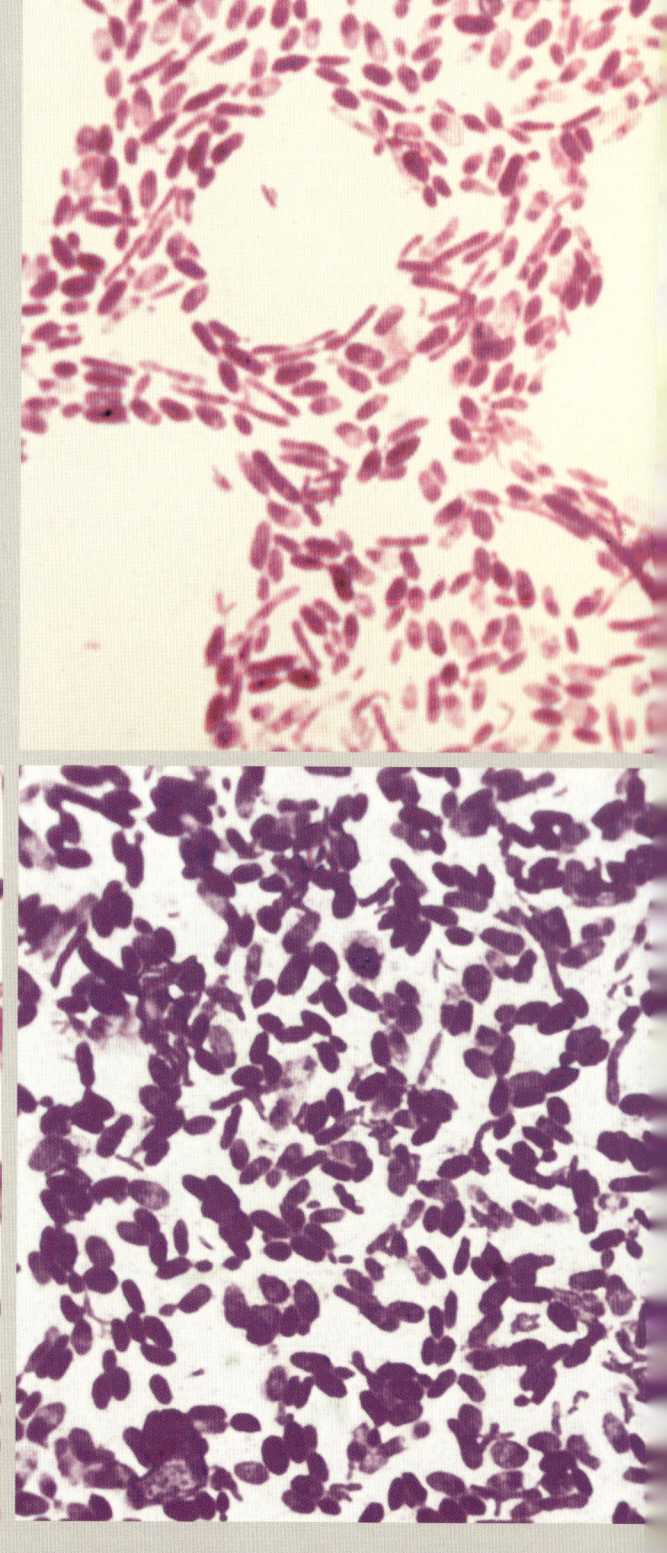

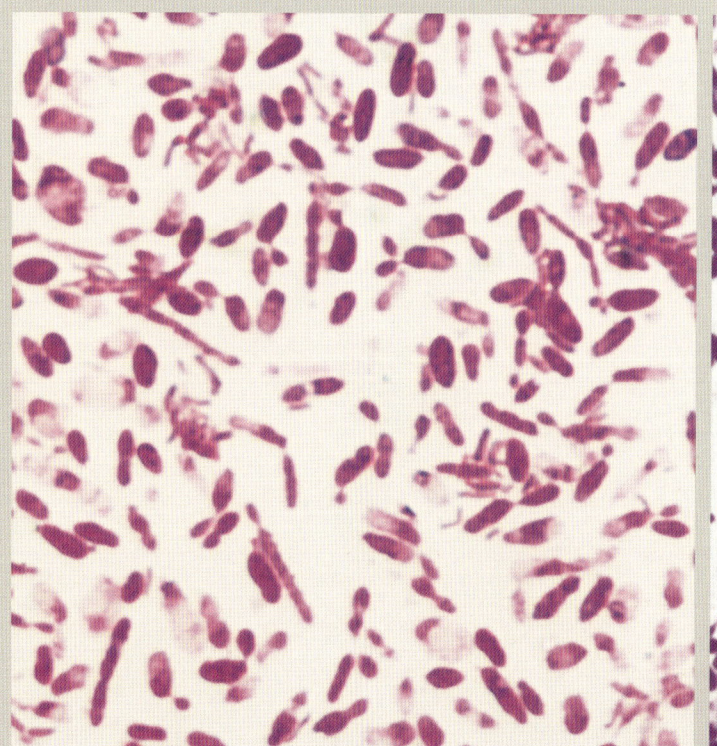

Die Bakterien werden in ihrem Wachstum durch den Alkohol, aber ebenso durch andere in den verschiedenen Ausgangsflüssigkeiten enthaltene Substanzen gebremst. Während etwa entsprechend ausgewählte Essigbakterien in Wasser-Alkohol-Lösungen bis zu einem Alkoholgehalt von 18% aktiv sind, wird ihre Entwicklung in Weinen mit mehr als 13% Vol. auch durch die vorhandenen Phenole gehemmt, sodass überhaupt keine Essigbildung stattfinden kann.

Essigbakterien sind in puncto Nährstoffen recht anspruchslos und vermehren sich auch gut in Medien relativ einfacher Zusammensetzung. Gegeben sein müssen in Wasser gelöste Kohlenstoffverbindungen (in Form von Äthylalkohol, Essig- beziehungsweise Milchsäure oder Glucose), Stickstoffverbindungen (verschiedene Aminosäuren, ob frei oder als Bausteine von Peptiden) und Wachstumsförderer. Die meisten Acetobacter-Stämme kommen ohne Vitamine aus.

Das A und O für den Stoffwechsel der Essigbakterien ist Sauerstoff. Eben aus diesem Grund bildet sich in Weinen, die der Luft ausgesetzt sind, die Essigmutter. Da sich Essig in industriellem Stil niemals allein mittels der Bakterien produzieren ließe, die auf der Oberfläche schwimmen, kommen Systeme zum Einsatz, die die Umgebungsluft ansaugen und die erforderlichen Sauerstoffmengen direkt in die Flüssigkeit einleiten, die in Essig umgewandelt werden soll.

Der Sauerstoff, auf den die Bakterien angewiesen sind, ist also gleichmäßig im Medium verteilt. Daher bildet sich keine Essigmutter (sie würde bei der industriellen Produktion ohnehin nur stören), und die Bakterien können sich auch unten im Behälter entwickeln, was den Prozess beschleunigt.

*Links: Mithilfe von Kontrastmitteln gewonnene mikroskopische Abbildungen von Acetobacter-Kolonien in unterschiedlichen Vergrößerungen.*

# Die chemischen Vorgänge bei der Essiggärung

Essigsäure entsteht durch Biooxidation aus Äthanol. Was dabei chemisch passiert, ist recht leicht erklärt: Aus einem Äthanolmolekül und dazu zwei Sauerstoffatomen wird je ein Essigsäure- und Wassermolekül. Gemäß einer stöchiometrischen Berechnung binden 100 g Alkohol 69,5 g Sauerstoff (die in 236 Litern Luft bei 20 °C enthaltene Menge), und es ergeben sich 130,5 g Essigsäure sowie 39 g Wasser. Grob gesagt und unter Berücksichtigung der Dichte der beiden Elemente ergibt also 1% Alkohol 1% Prozent Säure. Nun beschränken sich die chemischen Vorgänge im Zusammenhang mit dieser Oxidation nicht auf die Umwandlung von Äthylalkohol in Essigsäure. Vielmehr finden sich in allen Essigen, gleich welchen Ursprungs, zahlreiche neu entstandene Verbindungen, die zum einen auf die Tätigkeit der Essigbakterien und zum anderen auf chemische sowie enzymatische Reaktionen zwischen den ursprünglichen Bestandteilen zurückgehen. Diese Verbindungen prägen den Duft und Geschmack des fertigen Produkts ganz wesentlich.

72

*Wie in früheren Zeiten werden der Alkohol- und Säuregehalt auch heute kontinuierlich überwacht. Linke Seite: Das Labor der Turiner Essigfabrik Varvello, aufgenommen in den 30er Jahren des 20. Jahrhunderts; rechte Seite: das aktuelle Labor des Essigwerks von Ponti in Ghemme.*

## Merkmale des Ausgangsproduktes Wein

Für die Bereitung von Essigen werden einfache Tafelweine, gelegentlich aber auch hochwertige Tropfen mit DOC- oder DOCG-Siegel verwendet; darüber hinaus sind Weine zulässig, deren Gehalt an flüchtigen Säuren, eben weil sie sauer geworden sind, das für die Vermarktung erlaubte Höchstmaß übersteigt. In allen anderen Punkten aber müssen die Weine sämtliche chemisch-physikalischen Maßgaben erfüllen, die im Gesetz für Tafelweine verankert sind.

Es ist erlaubt, in Fermentation übergegangene Weine mit Trinkwasser zu verdünnen, um ihren Alkoholgehalt auf ein dem weiteren Gärungsverlauf zuträgliches Maß zu verringern (in der Regel höchstens 11–12 % Vol.).

Im Fall von Weinessig wird die Gärung normalerweise gestartet, indem man Wein mit Essig mischt; es gibt auch Fermente, die gezielt darauf abgestimmt sind, destillierten Alkohol zu vergären.

Gemäß den Verordnungen über die Vermarktung von Essigen sind bestimmte Säurehöchstwerte vorgeschrieben. Um sie zu erfüllen, wird der fertige Essig nach Erfordernis mit weiterem Trinkwasser verdünnt. Dieses gilt per Gesetz nicht als eigentliche Zutat und muss daher nicht auf dem Etikett deklariert werden.

*An der Essigbereitung sind Tafelweine, mitunter aber auch solche der DOC- und DOCG-Kategorie beteiligt. In jedem Fall muss das Ausgangsprodukt zumindest die für Tafelweine gesetzlich fixierten Maßgaben erfüllen.*

## MODERNE PRODUKTIONSVERFAHREN

Als Pasteur in den 1860er Jahren nachgewiesen hatte, dass Essig nie ohne Mitwirkung eines lebenden Organismus zustande kommen könnte, wurden verschiedene Herstellungsverfahren ersonnen. Und nachdem als Urheber der Verwandlung von Alkohol in Essigsäure das Bakterium *Acetobacter* ausgemacht war, das, um sich zu entwickeln und Alkohol zu oxidieren, viel Sauerstoff benötigt, suchten die Essigfabrikanten nach Wegen, um die Oberfläche der Flüssigkeit zu vergrößern und

dadurch den Kontakt mit der Luft zu maximieren. Manche füllten den Wein in kleine Behälter von nur 200–300 Liter Inhalt und setzten sie einer Umgebungstemperatur von 30 °C aus, die als Optimum für die Entwicklung der Fermente gilt. Andere gaben als Trägermaterialien etwa Traubenkämme, Holzspäne oder Maiskolbenspindeln hinzu und füllten die Fassinhalte regelmäßig um. Allerdings waren diese Methoden der Essiggewinnung immer noch sehr langwierig: Die erste dauerte einige Monate und die zweite 15–20 Tage.

*Lange stützte sich die Essigherstellung ausschließlich auf das Oberflächenverfahren, bei dem sich also nur der Teil der Flüssigkeit in Essig verwandelte, der mit der Umgebungsluft in Kontakt war.*

## DAS FRANZÖSISCHE ODER ORLÉANS-VERFAHREN

Von den seinerzeit noch unwissenschaftlichen, eher handwerklichen Methoden der Essigherstellung sind einige in die Geschichte eingegangen. Zu ihnen gehört dieses Verfahren, das nach der Stadt benannt ist, in der es ursprünglich praktiziert wurde, und folgendermaßen funktionierte: In der alkoholischen Flüssigkeit (in diesem Fall Wein) wurde eine langsame Oxidation ausgelöst. Der Wein befand sich in Eichenfässern (*vaisseaux*) von 240 l Inhalt, die mit seitlichen Luftlöchern versehen waren. Sie wurden zu einem Drittel mit Weinessig gefüllt, der als Essigmutter diente, oder man verwendete eine Essigbakterienkultur. Dazu gab man dann den Wein. In regelmäßigen Abständen – gewöhnlich einmal pro Woche – wurde unten aus dem Fass eine festgelegte Menge Essig abgezogen und durch ein entsprechendes Quantum Wein ersetzt. Die so gewonnenen Rohessige, die anschließend noch für die Dauer von mindestens sechs Monaten in Fässern gelagert wurden, spiegelten exakt die Qualität des verwendeten Ausgangsmaterials.

76

*Auf diesen beiden Seiten:
Ein Fläschchen mit Aceto Balsamico Tradizionale di Modena DOP und kleine Fässer für die Reifung. Wie die Herstellung des traditionellen Balsamico-Essigs basiert auch das Orléans-Verfahren auf jahrhundertealten Methoden und Traditionen.*

## Das Verfahren aus Luxemburg

Diese Methode hat ebenfalls einen stark handwerklichen Charakter. Doch im Unterschied zum Orléans-Verfahren kamen hier Holzspäne zur Vergrößerung der Kontaktfläche zwischen Flüssigkeit und Luft sowie drehbare Fässer zum Einsatz.

Die Fässer, die einzeln auf einem Drehgestell montiert waren, wiesen einen Zwischenboden mit Löchern auf, durch die die Luft hindurchstreichen konnte. Man füllte die Fässer zum Teil mit Spänen (zumeist aus Buchenholz) und gab dann den Wein hinzu. In regelmäßigen Intervallen wurden die Fässer gedreht, bis schließlich ihr gesamter Inhalt zu Essig geworden war. Auch in diesem Fall handelte es sich um ein Oberflächenverfahren, bei dem sich also nur der Teil der Flüssigkeit, der mit der Luft in Kontakt war, umwandeln konnte. Verglichen mit dem Orléans-Verfahren war diese Methode schneller, stützte sich aber ebenso weiterhin auf den langsamen, natürlich Ablauf der Veressigung.

78

*Holzspäne, vor allem von der Buche, kamen sowohl beim Verfahren aus Luxemburg als auch beim Schnellessigverfahren zum Einsatz. Sie dienten dazu, die Kontaktfläche zwischen der Flüssigkeit und der Luft zu vergrößern.*

# Das Schnellessig- und das Rundpumpverfahren

Um den Gärungsprozess zu beschleunigen, bemühten sich die Essighersteller Anfang des 20. Jahrhunderts stark um technische Verbesserungen. Die neuen Methoden – sie erhielten die passende Bezeichnung »Schnellessigverfahren« – unterschieden sich zwar erheblich voneinander, basierten jedoch alle auf dem gleichen Grundprinzip: Man ließ die Flüssigkeit über eine schwammige Masse (bestehend etwa aus Holzspänen, aber ebenso aus Traubenkämmen oder getrockneten Hirsestängeln) rieseln, durch die man von unten einen leichten Luftstrom führte. Die heruntertropfende Flüssigkeit verblieb nicht im eigentlichen Gärbehälter, sondern sammelte sich in einem weiteren, der tiefer platziert war. Von dort wurde sie in einen Verteiler geleitet, der sie wieder in den Kreislauf zurückführte.

Damit die Temperaturen nicht über 30–40 °C stiegen, durften die einzelnen oder auch in Batterien angeordneten Fässer nicht zu groß sein: Bei einem Volumen von höchstens 20 hl war eine ausreichende Oberfläche für eine angemessene Wärmeableitung gegeben. Nach bereits 5–6 Tagen war der Essig fertig, doch erforderte eine größere Produktion einen enormen Bestand an Fässern, die zu überwachen und zu pflegen recht aufwändig war.

Erst gegen 1930 kam das automatische Rundpumpverfahren auf, das eine wirklich sinnvolle Alternative zum Oberflächenverfahren darstellte. Es beruhte nach wie vor auf demselben Prinzip, nur waren dabei wenige, aber dafür sehr große Behälter im Einsatz. Unten einen solchen Tank wurde 1 m hoch die alkoholische Flüssigkeit eingefüllt; 10 cm weiter oben befanden sich die Löcher für den Lufteintritt und wiederum 10 cm darüber ein Zwischenboden. Er trug die schwammige Masse, die bis 30 cm unter die Oberkante reichte, wo eine hydraulisch betriebene Vorrichtung zum Aufsprühen der Flüssigkeit installiert war.

*Folgende Seiten: In den 30er Jahren des 20. Jahrhunderts wurde vielfach das Rundpumpverfahren eingesetzt (hier die Aufnahme der Anlage des Essigwerks Varvello in Torino, das damals unter dem Namen »Stabilimento Italiano l'Aceto Reale« firmierte. Auf Seite 80 ist die Pumpe zu sehen, die unten die Flüssigkeit aufnahm, um sie wieder nach oben zu befördern; auf Seite 81 sind die Fässer mit ihrem Belüftungsrohr*

Eine Pumpe beförderte die nach unten gelaufene Flüssigkeit wieder hinauf zu der Berieselungs-vorrichtung, nachdem die Flüssigkeit zunächst abgekühlt worden war. Ein dickes Rohr, das aus dem Deckel des Tanks austrat, führte zum Dach und sorgte für ausreichende Luftzufuhr.

Die Gärung dauerte 4–5 Tage, pro Zyklus und System wurden etwa 100 hl Essig erzeugt.

Trotz allem ruhte die Essiggewinnung aber weiterhin auf einem eher unwissenschaftlichen Fundament. So sammelten sich etwa im Lauf der Zeit die Ausscheidungen der Bakterien, abgestorbene Bakterien oder auch Substanzen aus dem oxidierten Wein wie Pektine oder Albuminoide in der schwammigen Masse, die sich immer mehr zusetzte. Folglich konnten sich die Flüssigkeit und der Sauerstoff nicht länger gleichmäßig verteilen. Es war also unmöglich – und wäre ohnehin zwecklos gewesen –, gezielt ausgewählte Fermente einzusetzen, um ein sauberes Gärergebnis und die maximale Ausbeute zu erhalten.

*Ein kleiner Tank, wie er früher bei der Essiggewinnung zum Einsatz kam.*

## DAS SUBMERSVERFAHREN

Das zuvor beschriebene Problem kann beim Submersverfahren nicht auftreten, da es kein Träger-material erfordert. Denn die Essigbakterien sind direkt in der stets sauerstoffgesättigten Flüssig-keit suspendiert – oder »untergetaucht«, wie der Name dieser Methode besagt.

In sogenannten Acetatoren, die denkbar einfach konzipiert sind, läuft der ganze Prozess voll-ständig automatisiert ab. Diese Edelstahltanks, deren Fassungsvermögen zwischen 10 und 900 hl variiert, stehen auf etwa 1 m hohen Stelzen, sodass unterhalb eine Turbine installiert werden kann, die unter Druck Sauerstoff in die Flüssigkeit einspeist. Die winzig kleinen Luftbläschen verteilen sich gleichmäßig im gesamten Tank.

*Moderne Gärbehälter solchen Typs werden in der Essigher-stellung von Ponti eingesetzt. Man spricht in diesem Fall von dem »Submersverfahren«, da die Bakterien gleichsam in die Flüs-sigkeit eingetaucht sind, in die unter Hochdruck winzige Luft-bläschen eingeschleust werden.*

Der Gärvorgang lässt sich mittels speziell ausgewählter Fermente in Gang setzen. Ebenso kann dies aber durch die von Natur aus in der Flüssigkeit vorhandenen Bakterien erfolgen, unter denen dann ein wiederum natürlicher Selektionsprozess stattfindet, da schwächere Bakterien in ihrer Aktivität durch stärkere unterdrückt werden. Im Inneren der Behälter spiralförmig verlaufende Leitungen, durch die ein Kühlmittel (meist Wasser) geleitet wird, erlauben eine optimale Temperaturkontrolle des Gärungsprozesses.

In einem 200-hl-Tank lassen sich täglich 80–90 hl Essig mit einer Gesamtsäure von 9–10% erzeugen. Der Säureertrag liegt bei 90–95%; die Einbußen sind in erster Linie dadurch zu erklären, dass die Bakterien Alkohol als Nährstoff aufbrauchen, durch Verdampfen geht hingegen kaum etwas verloren.

## ZWEI METHODEN IN DER GEGENÜBERSTELLUNG

Zwischen den 50er und 80er Jahren des 20. Jahrhunderts haben die italienischen Erzeuger komplett vom Schnellessig- auf das Submersverfahren umgestellt. Dies löste hitzige Debatten über die Folgen auf die Güte der Produktion aus. In der Tat hat jedes dieser Systeme seine Vor- und Nachteile. Überzeugten die mit dem Schnellessigverfahren gewonnenen Rohessige durch mehr Klarheit und dazu mitunter eine größere Aromafülle, zog andererseits die starke Oxidation rapide Qualitätsverluste nach sich, die etwa in überdeutlichen Marsala-ähnlichen Noten oder, bei Weißweinen, einer raschen Ausprägung einer Bernsteintönung ihren Niederschlag fanden.

Das Schnellessigverfahren schnitt auch in puncto Ausbeute und Gärzeiten entschieden schlechter ab als das Submersverfahren. Bei Letzterem präsentieren sich die Rohessige aufgrund der enthaltenen Bakterien wie auch während der Gärung ausgefällten Substanzen trüber, dafür sind sie infolge der kürzeren und weniger intensiven Oxidation farbstabiler. Zudem ist es möglich, Essige mit höherem Säuregrad zu gewinnen (für die industrielle Verwendung eine unerlässliche Voraussetzung).

## Zentrifugieren und Filtration

Nach dem Ende der Gärphase wirkt Weinessig, bedingt durch die Bakterien sowie die während der Gärung destabilisierten Pektine und Phenole, trübe. Um ihn markttauglich zu machen, wird er durch eine entsprechende Behandlung geklärt.

Die beiden dabei meistverwendeten Verfahren sind das Zentrifugieren sowie die Filtration, und gegebenenfalls geht noch (wie beim Wein) eine Klärung mittels Substanzen voraus, infolge derer zunächst die gröberen Partikel ausfällen. In diesem Zusammenhang sei nochmals darauf hingewiesen, dass Essig mikrobiologisch stabil ist: In seinem sauren Milieu können sich außer den Essigbakterien keine anderen Bakterien, Hefen oder Schimmelpilze entwickeln. Trotzdem kann man natürlich vor der Abfüllung eine Sterilfiltration durchführen, um eben die Essigbakterien zu

*Vorn ein Edelstahltank für das Submersverfahren, im Hintergrund ein alter Holzbehälter für die Essigproduktion nach dem Schnellessigverfahren.*

entfernen und damit auszuschließen, dass sich später in der geöffneten Flasche eine Essigmutter bildet. Eine Alternative bildet in diesem Fall die Pasteurisierung. Früher vielfach angewandt, wird sie allerdings seit mindestens drei Jahrzehnten von umsichtigen Erzeugern (zumindest bei der Weinessigbereitung) gemieden. Denn die Wärme schädigt die in den Produkten enthaltenen Proteine, die darauf hin binnen Kurzem ausfällen und so den Essig trüben können.

Beim Aceto Balsamico di Modena IGP, der sehr wohl im Verlauf seiner Herstellung durch Filtrationen von gröberen Partikeln befreit wird, ist eine Feinfiltration zum Entfernen der Bakterien nicht angezeigt, da er bei diesem Vorgang seine charakteristische Struktur und Textur verlieren würde.

Technische Neuentwicklungen erlauben es den Erzeugern seit einigen Jahren, im Verlauf der Produktion die Zugabe klärender wie auch stabilisierender Substanzen, die ansonsten für eine längere Haltbarkeit des Essigs sorgen würden, drastisch zu reduzieren. Beispielsweise lassen sich mithilfe der neuen Tangentialfilter dank deren besonderer Konfiguration nun instabile Farbstoffe und Kolloide mühelos aus dem Essig entfernen. Folglich kommen bei der Abfüllung in Anbetracht der besser geklärten Produkte bei der Abfüllung jetzt vielfach Mikrofilter mit Porengrößen von weniger als einem Tausendstel Millimeter zum Einsatz, die auch die im Essig enthaltenen Essigbakterien auffangen. Man spricht in diesem Fall gelegentlich von einer »Sicherheitsfiltration«, da sie die Wahrscheinlichkeit, dass sich später in der Flasche eine Essigmutter bildet, auf ein Minimum reduziert.

*Linke Seite: Mittels tangentialer Ultrafiltration wird der Weinessig nach der Klärung von feineren Trübstoffen befreit.*

## Behälter, Reifung und Ausbau

Essig ist bekanntlich nicht gleich Essig. Folglich werden die Erzeugnisse nach der Entnahme aus dem Gärbehälter – eigentlich ganz ähnlich wie beim Wein – noch unterschiedlich lange gelagert, je nachdem, ob man es mit einem Essig für den alsbaldigen Verbrauch zu tun hat (er reift relativ kurz) oder aber mit einem Produkt von gehobener Qualität, das einen gebührenden Ausbau verlangt.

Nach Abschluss des Fermentationsprozesses wird der Essig also in große Tanks aus Edelstahl oder Fiberglas gefüllt, sofern er der Standard-Kategorie mit eher kurzer Lebensdauer angehört. Dagegen füllt man ihn in Holzfässer (in der Regel aus Lärche, Eiche, Kastanie oder Kirsche), wenn er über lange Jahre anspruchsvolle Gaumen erfreuen soll und dafür zunächst angemessen reifen muss. In jedem Fall ist es von entscheidender Bedeutung, dass die Behälter, gleich welchen Materials, hygienisch einwandfrei sind und keine schädlichen Substanzen absondern.

Die Lagerung (ob Reifung oder Ausbau) eines Weinessigs kann in Stahl oder Holz erfolgen. Genau wie bei seinem nobleren Verwandten, dem Wein, entwickelt sich Aroma eines Essigs in Abhängigkeit davon, wie er gelagert wird: In einem Edelstahlbehälter kommen eher die frischen, blumigen und fruchtigen Eindrücke zum Tragen, die der Verbraucher vor allem bei Weißweinessigen schätzt. Eine Reifung in kleinen oder großen Holzfässern bringt indes komplexere Duft- und Geschmacksnoten sowie einen Körper zum Vorschein, wie man sie bei Rotweinessigen erwartet.

*Im Keller des Betriebs Modenaceti kommen 225-l-Barriques aus verschiedenen Hölzern (Eiche, Kastanie, Kirsche) für die Reifung des Aceto Balsamico di Modena IGP zum Einsatz.*

88

## Verwendung verschiedener Holzarten

Die Reifung in Holzfässern ist kein Exklusivrecht der Balsamico-Essige. Um ihre Aromen optimal zu entfalten, dürfen auch andere Essige mit Qualitätsanspruch in Fässern aus verschiedenen Hölzern ruhen. Besonders gern verwendet werden dabei die Slawonische Eiche aufgrund ihrer Feinporigkeit, des maßvollen Gehalts an Tanninen und der zurückhaltenden Aromakomponente sowie die Amerikanische Lärche mit eher grobkörniger Struktur, ebenfalls maßvollem Tanningehalt und milderem Aroma. Vor allem die Slawonische Eiche, aus der man auch gern Barriques für den Ausbau bestimmter Weine fertigt, übertrifft an Beliebtheit die italienischen Eichen, da sie für kürzere Reifungszeiten steht. Selbstverständlich muss das für den Fassbau verarbeitete Holz lange gelagert sein, um zu vermeiden, dass es übermäßig viele Tannine an den Wein abgibt, die langfristig die Fülle und den Geschmack des Erzeugnisses beeinträchtigen würde.

Sehr unterschiedlich ist die Kapazität der eingesetzten Fässer: Sie variiert zwischen 5–10 hl bei hochwertigeren Essigen und, am anderen Ende der Skala, 600–800 hl.

Die Ruhezeit im Fass beträgt mindestens vier Monate für Weißweinessige (wobei in diesem Fall wegen der kurz gehaltenen Absatzzyklen eher Stahltanks zur Verwendung kommen) und bis zu über zwölf Monate für Rotweinessige.

*Fassbauer, dargestellt in einem Stich von Gaetano Zompini, der dem Werk aus dem 18. Jahrhundert stammenden Werk Le arti che vanno per via entstammt.*

## GEFÄRBT ODER ENTFÄRBT

Auch das Auge genießt bekanntlich mit, und so sollte Essig genau wie Wein beim Verbraucher Assoziationen an das Ausgangsmaterial wachrufen. Beim Weinessig sind es die unterschiedlichen rötlichen beziehungsweise strohgelben Nuancen, die an die jeweiligen Ursprungstrauben erinnern.

Hingegen ist es beim Aceto Balsamico di Modena IGP erlaubt, durch den Zusatz von Zuckercouleur (E150) der Farbstabilität und einem einheitlichen Erscheinungsbild nachzuhelfen.

In manchen Fällen kann es umgekehrt angezeigt sein, den Essig zu bleichen, um so Farbeindrücke, die sich während der Gärung herausgebildet haben, zu mildern oder komplett zu neutralisieren. Entfärbter Weinessig wird in der Lebensmittelindustrie für die Herstellung von Sauerkonserven verwendet und ist in diesem Bereich, eben weil er die Zutaten nicht verfärbt, stark nachgefragt. Er wird auch flaschenweise jenen angeboten, die zu Hause selbst Gemüse einlegen wollen.

Zum Entfärben werden für die Verwendung im Lebensmittelbereich zulässige pflanzliche Kohlenstoffe eingesetzt, die die Fähigkeit besitzen, Phenolmoleküle mit färbender Wirkung zu binden, und die man anschließend durch Klärung oder Filtration entfernt.

*Die Farbe des Essigs erinnert gewöhnlich an das Ausgangsprodukt. Nur beim Aceto Balsamico di Modena IGP ist es gestattet, den Erzeugnissen durch den Zusatz von Karamell ein gleichmäßiges Erscheinungsbild zu geben.*

Natürlich kann man unterschiedliche Hölzer und kleine Fässer auch für die Reifung von Weinessigen nutzen und so in niedrigen Auflagen Produkte mit erhöhtem Genussfaktor erzielen.

Bei einem gekonnt ausgeführten Ausbau kann der Essig im Jugendstadium angelegte Eigenschaften harmonisch weiter entwickeln und ebenso durch den langen Reifungsprozess ganz neue hinzugewinnen. Aus technischer Sicht vollziehen sich dabei parallel verschiedene Vorgänge: Die gebundenen Säuren nehmen ab; Tannine und Farbstoffe verwandeln sich (der zunächst raue Geschmack wird weicher, im farblichen Bereich zeichnen sich die alterungstypischen Töne – gold- bis bernsteingelb beziehungsweise granat- oder orangerot – ab); es bildet sich infolge der Entwicklung besonderer Bukett- und Geschmacksstoffe wie Äther, Esther und Acetale ein markantes Profil heraus.

*In allen Phasen seiner Zubereitung bis hin zur Abfüllung knüpft der Aceto Balsamico Tradizionale di Modena DOP an Methoden aus vergangenen Zeiten an.*

Dennoch darf man Reifung und Ausbau nicht überziehen, wie auch Franco Mecca in einer grundlegenden Schrift über den Essig (*L'aceto. Tecnologia industriale. Impiego nell'industria conserviera. Utilizzazione in cucina*, AEB 1979) ausführt: »Der Essig hat, wie sonst Getränke (Wein, Weinbrand, Grappa usw.), eine bestimmte Zeit der Reifung. Man darf nicht dem Glauben erliegen, dass er im Lauf der Zeit immer besser werde. Keinem Essig, nicht einmal dem beständigsten Qualitätserzeugnis, gereicht ein Alter von über 3 Jahren (bei hellen Erzeugnissen) und 6 Jahren (bei roten Versionen) wirklich zur Zierde. Ganz klar hat ein Essig, wenn er Madeira-Noten von sich gibt, den Zenit überschritten.« Alterung darf sein, aber in Maßen!

Der letzte Schritt, nicht weniger bedeutend als die vorhergehenden, besteht in der Abfüllung. Denn in der Flasche gewinnt der Essig Eigenschaften zurück, die ihm bei der Klärung und Filtration teils abhanden gekommen waren. So präsentiert er sich danach mit einem vollendeten Bukett.

*Von links nach rechts: Momentaufnahmen aus der Aceto-Balsamico-Abfüllung bei Ponti.*

## Mängel und Verfälschungen

Essig ist ein lebendiges Produkt, dessen Güte durch die heutigen hohen Fertigungsstandards vom Beginn der Herstellung bis zu den Endkontrollen gesichert ist. Aber eben weil es sich um ein lebendiges Produkt handelt, ist seine perfekte Stabilität nicht auf unbegrenzte Zeit gewährleistet. Vielmehr ist die Stabilität, wie Mecca weiter feststellt, »stets als momentanes Faktum anzusehen, das mehr oder weniger lange Bestand haben kann, bis der Essig, da er sich im Hinblick auf einige seiner Bestandteile weiterentwickelt, Alterungserscheinungen zeigt«.

Die häufigsten Mängel bei Essig haben nicht unbedingt etwas mit der Abfüllung zu tun, sondern gehen mitunter sogar auf das verwendete Traubenmaterial zurück. So können sich etwa die Phenole und Kolloide des Weins im Lauf der Zeit verändern, was sich auf die Farbe und Klarheit auswirkt. Nach dem ersten Öffnen der Flasche kann sich eine Essigmutter bilden, da entweder die enthaltenen Essigbakterien weiter wachsen oder neue aus dem häuslichen Umfeld auf das Produkt übergehen. Diese Essigmutter kann als gallertartige Schicht auf der Oberfläche erscheinen oder aber in die Flüssigkeit eingetaucht sein. Im ersten

*Essig ist ein lebendiges Produkt, das sich folglich stets weiter entwickelt. Nach dem ersten Öffnen der Flasche kann sich infolge von Bakterien aus dem häuslichen Umfeld und längeren Kontakt mit der Umgebungsluft eine Essigmutter bilden.*

Fall bildet sich auf ihr unter Umständen eine weißliche Schicht infolge der Besiedelung durch Hefen, die ebenfalls der Umgebung entstammen. Bei ihnen handelt es sich zumeist um Kahmhefen, bisweilen aber auch um jene wertvollen Florhefen, die bei der Reifung von Sherry absolut erwünscht sind.

Ein gefährlicher Befall durch Mikroben ist bei Essig auszuschließen, da kein Krankheitserreger in seinem sauren Milieu zu überleben vermag. Etwaige Veränderungen im Erscheinungsbild des Produkts sind also als Folgen der natürlichen Alterung anzusehen und als gesundheitlich unbedenklich zu werten.

Unter Verfälschungen versteht man hingegen jene bewusst herbeigeführten Veränderungen, die die Eigenschaften des Essigs verbessern sollen. Bei Weinessig etwa könnte nicht aus Traubenmost gewonnener Alkohol beigemischt oder auch Essigsäure oder Äthanol synthetischen Ursprungs zugesetzt werden.

Allerdings haben die namhaftesten italienischen Essighersteller schon vor einiger Zeit Qualitätsmanagementsysteme eingeführt, die international geltenden Standards gehorchen und zu deren Kernthemen die Lebensmittelsicherheit sowie die lückenlose Rückverfolgbarkeit jeder Produktcharge zählen. Ziel dieser Unternehmenspolitik ist es, die allerneueste Technik zu nutzen, um dem Verbraucher unverfälschte Naturprodukte von herausragender Qualität und bar aller Mängel zu bieten.

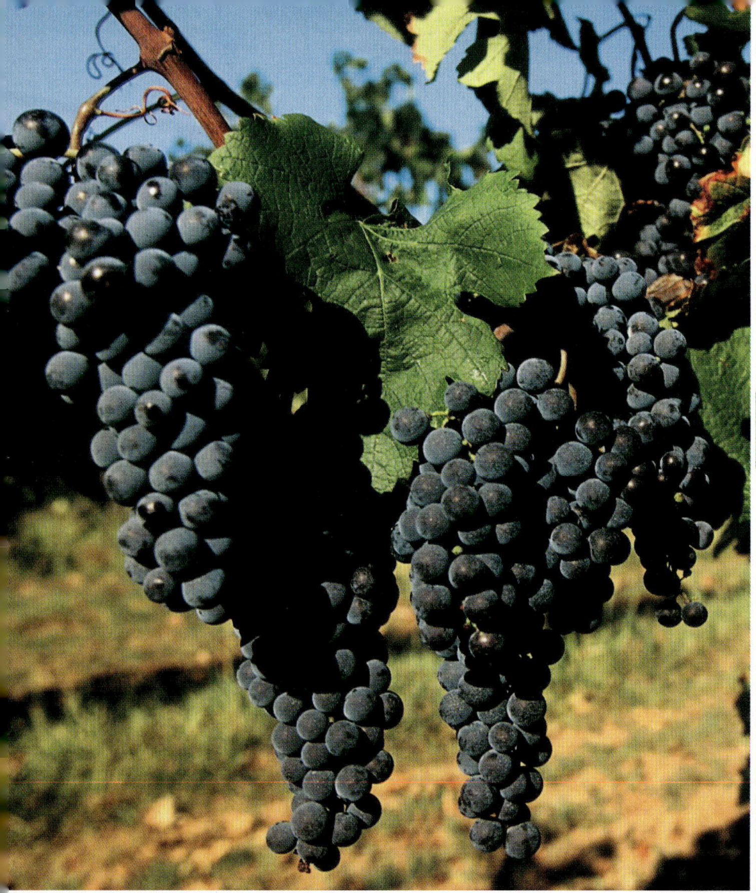
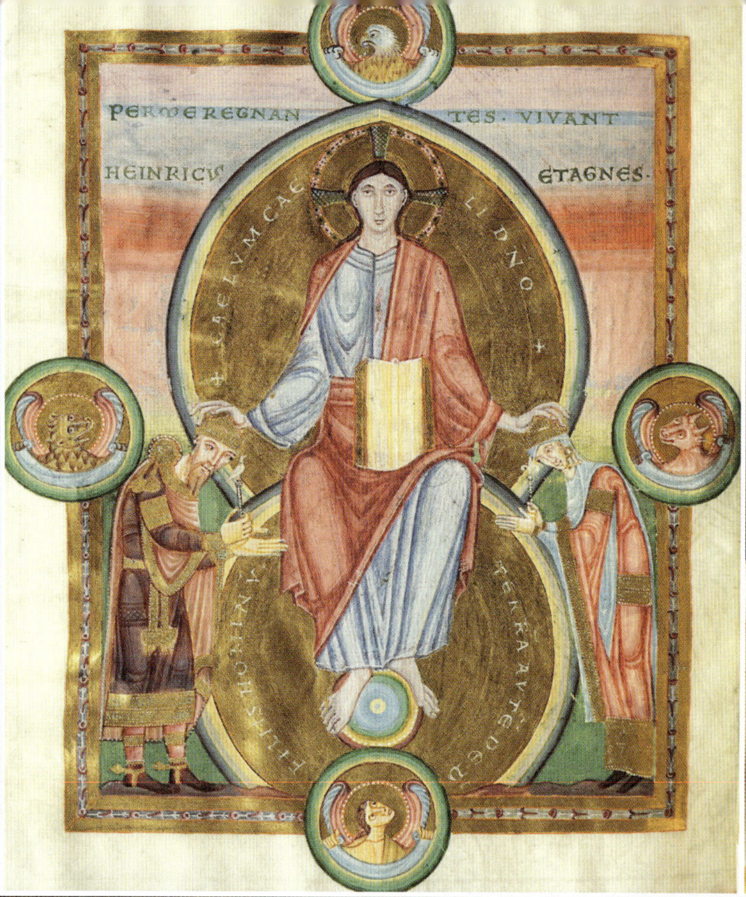
PERMEREGNAN
TES. VIVANT
HEINRICUS
ETAGNES.
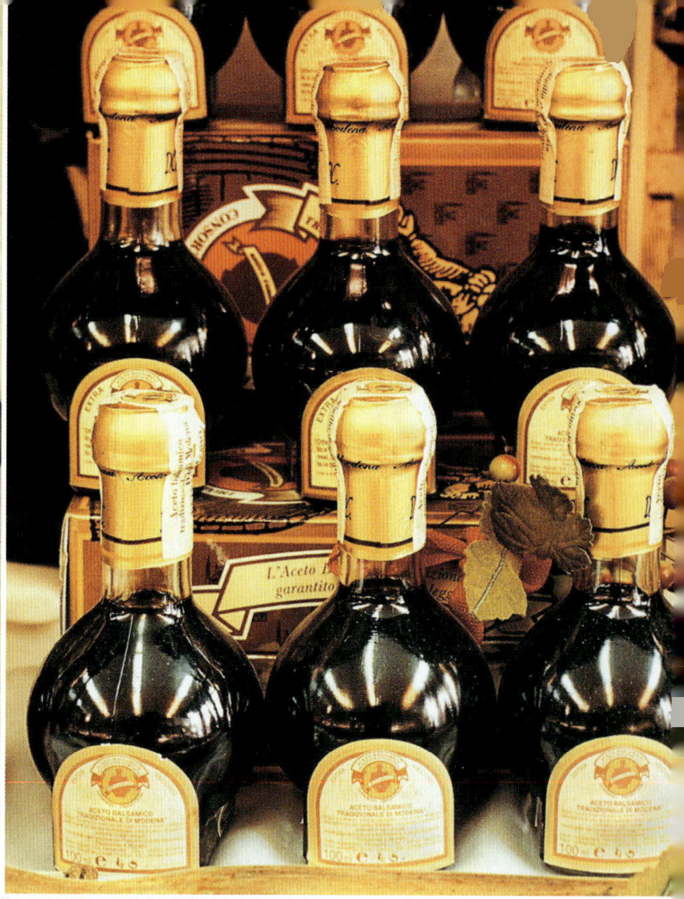
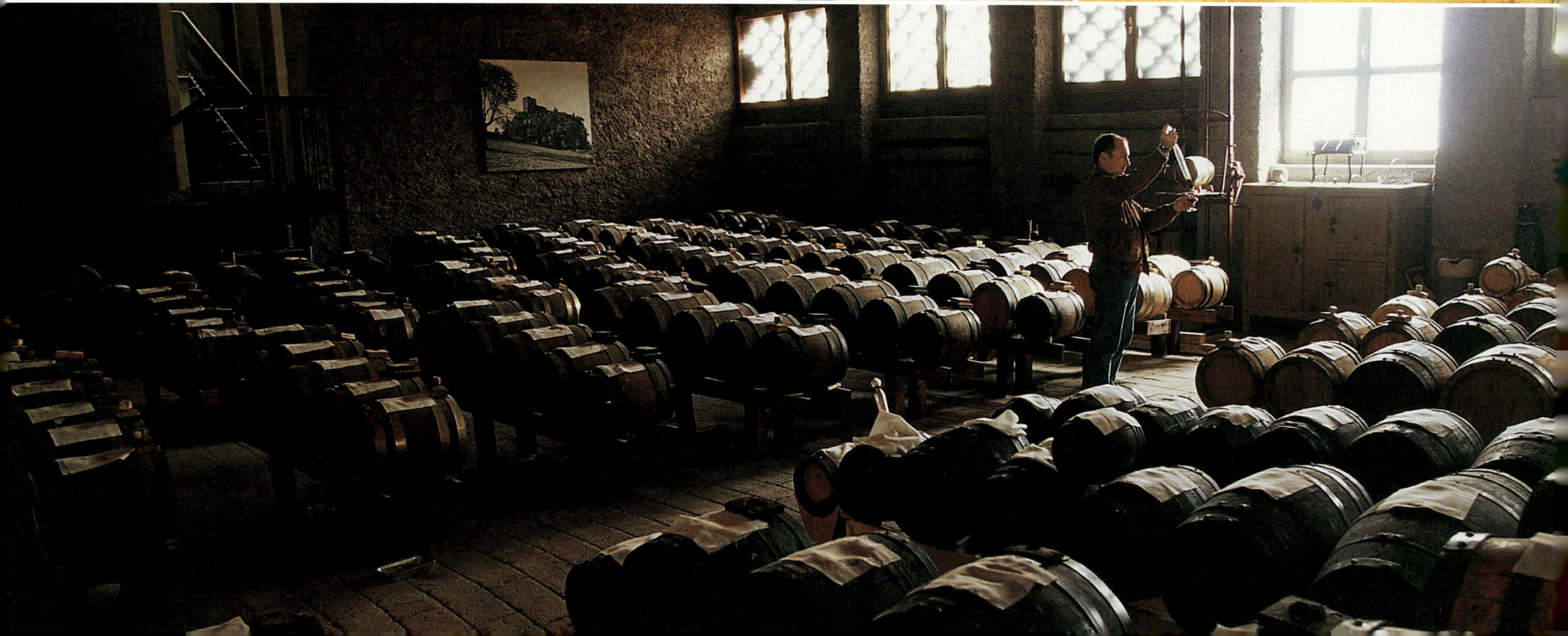

# Die Balsamico-Essige

## Vom Essig aus Canossa zu jenen aus Modena und Reggio Emilia

In seiner Vita Mathildis erzählt der Benediktinermönch Donizone, Abt des Klosters Sant'Apollinare in Canossa, dass im Jahr 1046 Heinrich III., als er in Piacenza Station machte, einen Boten zum Markgrafen Bonifatius von Canossa, Vater der Mathilde, sandte. Der Frankenkönig und zukünftige Kaiser wünschte etwas von jenem Essig zu erhalten, den man in der Festung von Canossa bereitete und der dort, wie er vernommen hatte, »vollendet geriete«. Donizone verfasste sein Werk 1116, und eben in jener Epoche, zwischen dem 12. und 14. Jahrhundert, entstanden die Zünfte der Essigerzeuger in Modena und Reggio Emilia, denen es oblag, die Rezeptur und die Geheimnisse der Herstellung sorgsam zu hüten. Es ist gut vorstellbar, dass jener berühmte Essig dem heutigen Balsamico sehr ähnlich war, zumal das Einkochen von Traubenmost in der Poebene damals bereits eine lange Tradition hatte: Der so gewonnene Sirup namens sapa, den auch der aus der Romagna gebürtige Pellegrino Artusi in seinem so bedeutenden Kochbuch mit einem Eintrag würdigte, war dort das klassische Süßungsmittel schlechthin und der direkte Nachfolger des altrömischen sapum.

97

*Rechts: Miniatur aus der Vita Mathildis; unten in der Mitte ist Bonifatius von Canossa zu sehen.*

*Linke Seite, von links nach rechts: Sangiovese-Trauben; in einer Miniatur aus dem 11. Jahrhundert hält Christus schützend seine Hände über Kaiser Heinrich III. und dessen Gemahlin Agnes; Flaschen mit Aceto Balsamico Tradizionale di Modena; Fässer in der Acetaia von Cavazzone, Provinz Reggio Emilia.*

In der Renaissance entwickelte sich der Essig aus der Gegend zwischen Modena und Reggio Emilia zu einem Statussymbol, mit dem Persönlichkeiten von Rang und Namen bei wichtigen Anlässen ihre Tafeln schmückten, und eine nochmalige Aufwertung erfuhren die Erzeugnisse, als Modena 1598 zur Hauptstadt des Herzogtums erhoben wurde. Francesco I. d'Este (1610–1658), Herzog von Modena und Reggio, der selbst von dem Essig äußerst angetan war, förderte seine Herstellung mit großem Einsatz. In jenen Jahren erlebten die Produzenten im Gebiet von Modena und Reggio eine wirtschaftliche Hochblüte.

Erst 1730 jedoch wurde der Essig aus der Emilia endlich »balsamisch«: Damals schenkte Rinaldo d'Este, Herzog von Modena, dem aus Vignola (bei Modena) stammenden Geistlichen Ludovico Antonio Muratori, der vor allem als großer Historiker und Gelehrter des frühen 18. Jahrhunderts in die italienische Geschichte eingehen sollte, eine Flasche Essig, die er eben als »balsamico« bezeichnete. Mit diesem Attribut spielte er auf die wohltuenden und heilenden, sprich kräftigenden, entzündungshemmenden – und angeblich auch aphroditischen– Eigenschaften des Erzeugnisses an.

Seither labten sich die Aristokratenkreise am Balsamico-Essig, bis dieser in den letzten drei Jahrzehnten auch in bürgerlichen Küchen Einzug hielt. Heute sind von der italienischen und EU-Gesetzgebungen folgende drei Typologien offiziell anerkannt: der Aceto Balsamico Tradizionale di Modena DOP, der Aceto Balsamico Tradizionale di Reggio Emilia DOP und der Aceto Balsamico di Modena IGP. Ihrem Namen zum Trotz gelten die beiden Erstgenannten als »Saucen« und unterliegen daher nicht den für Essige geltenden Vorschriften.

*Francesco I. d'Este, Herzog von Modena und Reggio, in einem Gemälde von Velázquez.*

## DIE HERSTELLUNG DES ACETO BALSAMICO TRADIZIONALE AUS MODENA UND REGGIO EMILIA

*Zwei Phasen der Traubenlese in der Emilia-Romagna: Sangiovese (links) und Trebbiano (rechts); in der Mitte eine Darstellung des Kelterns in einem römischen Mosaik aus dem 1. Jh. n.Chr. in Merida.*

Der traditionelle Balsamessig beruht auf einer einzigen Zutat, nämlich Trauben. Genauer gesagt, handelt es sich dabei um die typischen Sorten des Gebiets von Modena und Reggio Emilia: Trebbiano di Romagna (weiß), dazu Lambrusco und Sangiovese (rot) sowie Varietäten mit Minderheitenstatus wie Ancellotta. Den Löwenanteil stellen jedoch Trauben von Trebbiano, die man im vollreifen oder sogar überreifen Zustand liest, wenn sie also am Stock bereits teils rosiniert sind. Mit ihrem hohen Zuckergehalt sind sie für den traditionellen Aceto Balsamico perfekt geeignet. Darüber hinaus schreiben viele die vorzügliche Qualität der Balsamico-Essige aus der Gegend von Modena und Reggio Emilia den dortigen besonderen Klimaverhältnissen wie auch den Böden zu, die leicht kalkhaltig sind und dazu einen hohen Anteil an Makro- und Spurenelementen aufweisen.

Der Herstellungsprozess gliedert sich in vier Schritte: die Traubenlese, das Keltern, das Einkochen des Mosts und die Reifung des Essigs. Die Ernte erfolgt im Herbst, wenn die Trauben die gewünschte Reife erlangt haben und einen erhöhten Zucker- wie auch Säuregehalt besitzen. Fast immer wird von Hand gepflückt, um gezielt die besten Früchte auszuwählen. Unabhängig davon, ob das Lesegut im Anschluss dann mechanisch gepresst oder, wie es einst gang und gäbe war und mitunter auch den Kindern übertragen wurde, mit den Füßen gestampft wird, muss das Keltern in jedem Fall schonend erfolgen. Denn es geht darum, nicht allzu viele Phenole aus den Trauben herauszulösen, da diese den Prozess der Essigwerdung verlangsamen. Der gewonnene Most wird filtriert – früher dienten zu diesem Zweck Säcke aus Naturgewebe – und so von Feststoffen und Verunreinigungen befreit. Schließlich erfährt er eine letzte »Reinigung« durch Klären und Abschäumen.

Das Einkochen des frischen Mosts muss binnen 24 Stunden erfolgen, bevor die alkoholische Gärung einsetzt, und erstreckt sich über mehrere Stunden. Man erhitzt ihn in einem offenen Kupfer- oder Edelstahlkessel über dem Feuer, wobei man, wenn er nach etwa einer halben Stunde siedet, die Hitze verringert, damit der enthaltene Zucker nicht karamellisiert, was sich später im Essig durch Geschmacksnoten von Angebranntem äußern könnte. Der eingedickte Most wird in Holz- oder Edelstahlbottichen abgekühlt und dann in Ballonflaschen gefüllt, in denen er einige Monate ruht, sodass sich die Trübstoffe absetzen. Die anschließende Reifung erfordert vom Erzeuger das größte Feingefühl, lässt ihm aber zugleich innerhalb des gesamten Herstellungsprozesses die meisten Freiheiten – so kann er etwa auch unter Einbeziehung eines über die Generationen weitergegebenen Familiengeheimnisses seinem Produkt einen ganz eigenen Stempel aufdrücken. Seine Reifung absolviert der Balsamico-Essig in Fässern, die in der sogenannten Acetaia stehen. Im Gebiet von Modena und Reggio finden sich zahlreiche dieser Räume, ob etwa in Bauernhäusern unter dem Dach oder auch im historischen Herzogspalast von Modena, dessen Acetaia seinerzeit von den Truppen Napoleons demontiert und später wieder rekonstruiert wurde. Dass die Fässer vorzugsweise in Dachräumen aufgestellt sind, hat seinen Grund in den dort herrschenden starken Temperaturschwankungen: In der winterlichen Kälte setzen sich leichter die Trübstoffe im Essig ab, während die Sommerwärme die Gärung und Verdunstung fördert. Es kommen Fässer aus verschiedenen Hölzern und von unterschiedlichem Volumen zum Einsatz, die, gestaffelt nach ihrer Größe, zu einer sogenannte Batterie aufgereiht sind. In der Regel nimmt dabei das Volumen vom größten bis zum kleinsten Fass um 20–30 % ab. Starre Vorschriften hinsichtlich der Zahl der Fässer, des Volumens und der Art der Hölzer gibt es nicht, sondern der Erzeuger kann all dies je nach der Qualität und Reifungsdauer, die er anstrebt, selbst bestimmen. Allerdings bestehen die Behälter, in denen der Essig die ersten Reifungsstadien durchläuft, häufig aus weichen Hölzern, da diese die Verdunstung und Veressigung begünstigen, während die kleinen Fässer, in denen der Essig dann ausgiebig altert, meist aus Hartholz gefertigt sind.

Durch die enthaltene Säure, deren Anteil nach und nach zunimmt, reichert sich der Essig mit Aromen aus den Fasshölzern an. Jedes Jahr im Oktober entnimmt man dem kleinsten Fass die Hälfte seines Inhalts und füllt es mit Flüssigkeit aus dem nächsten Fass auf, das ein wenig größer ist und Essig der zweitältesten Generation enthält. So geht es weiter bis zum letzten Fass der Batterie, das, da natürlich kein jüngerer Essig zur Verfügung steht, mit dem eingekochten neuen

Most aufgefüllt wird. Dieses Ausbauverfahren weist starke Parallelen zum Solera-System auf, das der Sherry-Produktion zugrunde liegt.

Die Produktionsrichtlinien, die am 17. April 2000 mit der Schaffung der Denominazione di Origine Protetta (DOP, übersetzt »geschützte Ursprungsbezeichnung«) für den Aceto Balsamico Tradizionale di Modena wie für jenen aus Reggio Emilia in Kraft traten, entsprechen im Großen und Ganzen dem zuvor skizzierten Herstellungsprozess, der so seit mindestens einem Jahrtausend in den beiden Hauptstädten des Balsamico-Essigs, Modena und Reggio Emilia, befolgt wird. Gemäß den Regularien müssen die Trauben dem jeweiligen Ursprungsgebiet entstammen und die Essige eben dort erzeugt und gereift sein. Für beide Tradizionale-Versionen ist darüber hinaus eine Lagerung von mindestens 12 Jahren vorgeschrieben. Ansonsten bestehen zwischen der Variante aus Modena und der aus Reggio Emilia methodisch keine wesentlichen Unterschiede.

*Links: Fässer und alte Utensilien in einer Acetaia in der Provinz Reggio Emilia. Rechts: Visuelle Prüfung eines Aceto Balsamico Tradizionale di Modena DOP.*

## Aceto Balsamico Tradizionale di Modena DOP

Mindestens ein Jahrtausend wurde der Aceto Balsamico Tradizionale di Modena von den Familien in der Gegend um Modena nach überlieferten Methoden auf den Dachböden erzeugt und nur vor Ort verbraucht. Erst im 20. Jahrhundert setzte sich die Erkenntnis durch, dass man ihn einem größeren Interessentenkreis zugänglich machen sollte, aber zugleich Nachahmungen verhindern müsste. Mit einer entsprechenden Gesetzesverordnung wurde 1965 die Bezeichnung »Modena« geschützt und damit eine Imageaufwertung in die Wege geleitet, die im Jahr 2000 in der Zuerkennung des DOP-Siegels mündete.

Nun nimmt ein eigenes Herstellerkonsortium strenge Kontrollen vor: Es werden die Weinberge inspiziert; man überprüft, ob über die Mengen des gelesenen und verarbeiteten Traubenguts, des gewonnenen Mosts und des fertigen Essigs ordnungsgemäß Buch geführt wird; schließlich finden auch Besichtigungen der Acetaie statt, in denen jedes der nach dem Abfüllen mit Siegellack verschlossenen Fläschchen registriert wird.

*Von links nach rechts:*
*Einkochen des Mosts für den Balsamico Tradizionale di Modena;*
*eine Essigflasche aus dem Jahr 1880;*
*Utensilien zum Kochen des Mosts im Museo del Balsamico Tradizionale in Spilamberto;*
*Boxen zum Verpacken der Essigflaschen und eine Preisliste im Museo del Balsamico Tradizionale in Spilamberto.*

Der Aceto Balsamico Tradizionale di Modena hat eine satte, leuchtende tiefbraune Farbe, eine ansprechend dickflüssige Konsistenz und einen charakteristischen, durchaus nuancenreichen Duft. Die angenehme Säure geht einher mit einem ausgewogen herb-süßen Geschmack, dessen Aroma von den verschiedenen Hölzern der Fassbatterie geprägt ist. Bevor dieser Essig in spezielle, durchnummerierte Fläschchen abgefüllt und in den Handel gegeben wird, müssen fünf anerkannte Degustatoren bescheinigen, dass sein Erscheinungsbild, Duft und Geschmack den gesetzlichen Vorgaben entsprechen. Erzeugnisse, die mindestens 25 Jahre gereift sind, dürfen auf dem Etikett den Vermerk »extravecchio« tragen.

Man kann den Aceto Balsamico Tradizionale di Modena im Porzellanlöffel als originellen Aperitif reichen, über gehobelten Grana Padano, Risotto, Tortelloni oder Fleisch (Filet und Koteletts) träufeln, in Salatdressings mischen und mit ihm frische Erdbeeren oder Eiscrème vollenden. Pro Person nimmt man etwa 1 Teelöffel.

*Von links nach rechts: Die gemeinschaftliche Acetaia der Consorteria (Konsortium) dell'Aceto Balsamico Tradizionale di Modena in Spilamberto; Entnahme von Essig; eine Fassbatterie.*

LVDOVICVS ARIOSTVS·

106

In der dritten seiner Satiren richtete Ludovico Ariosto sinngemäß folgende Worte an den Vetter Annibale Malaguzzi: »Da ziehe ich doch eine Rübe vor, die ich zu Hause selbst gar gekocht, dann aufgespießt und geschält und zuletzt mit Essig und sapa angemacht habe.« Als er dies im Mai 1518 schrieb, war der Essig offenbar bereits eine Selbstverständlichkeit in der Küche seiner Heimat Reggio Emilia, und wahrscheinlich sprach er nicht von Weinessig, sondern von dem in der Gegend erzeugten Balsamico. Seit der Aceto Balsamico Tradizionale di Reggio Emilia das DOP-Siegel und damit auch ein Regelwerk zur Sicherung der Qualität erhielt, wird seine Abfüllung bis zum Zukorken der kleinen Flaschen und dem Verschließen mit Siegellack von einem Aufsichtsgremium überwacht. Zu den Merkmalen dieses Essigs gehören eine klare, leuchtende dunkelbraune Farbe, eine angenehm dickflüssige Beschaffenheit, ein intensiver und nachhaltiger Duft, geprägt von den jeweils verwendeten Fasshölzern, und schließlich ein süßsaurer Geschmack mit ansprechender Aromatik. Die Mindestreifung beträgt 12 Jahre. Über 25 Jahre gereifte Erzeugnisse dürfen als »extravecchio« ausgewiesen sein. Ansonsten ist jeder Hinweis auf den Ursprungsjahrgang untersagt. Es gibt drei Kategorien, gekennzeichnet durch eine jeweils andere Etikettenfarbe. Entsprechend dieser Farbe tragen die Erzeugnisse den Namenszusatz »aragosta« (hummerrot), »argento« (silber) oder »oro« (gold). Die Variante mit roter Plakette verbindet eine leicht betonte Säure mit einem zarten Duft, damit eignet sie sich besonders für Carpaccio und für Marinaden.

*Ludovico Ariosto, der aus Reggio Emilia stammte, erwähnte den Essig in seinen Satiren – und höchstwahrscheinlich meinte er den Balsamico.*

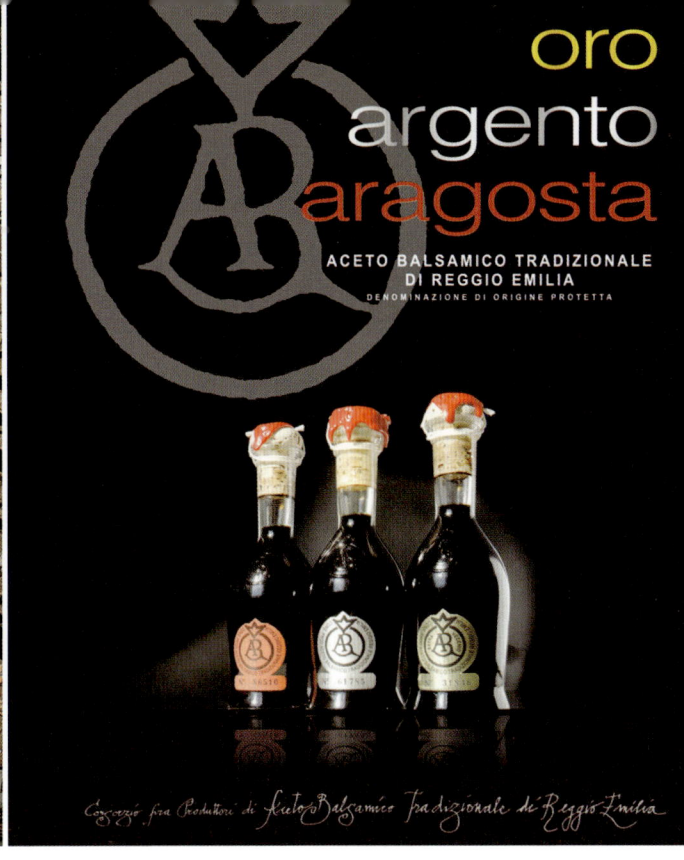

*Aus Reggio Emilia kommt ein ausgezeichneter Aceto Balsamico Tradizionale. Ein eigenes Schutzkonsortium garantiert die hohe Qualität durch die Abfüllung in Flaschen von exakt der Form und den Größen, wie sie in den Produktionsrichtlinien vorgeschrieben sind.*

Der vollere, säuerlich-süße Geschmack der silbernen Version kommt bei kalter Verwendung gut zur Geltung, doch kombiniert man diesen Essig ebenfalls gern mit gekochtem Fleisch und Fischgerichten sowie mit gereiftem Käse, etwa Parmigiano Reggiano. Die goldene Plakette schließlich steht für einen Balsamico Tradizionale von außerordentlicher Aromakomplexität, die sich in ihrer ganzen Fülle mitteilt, wenn man ihn sparsam dosiert zu edlem Käse mit kräftiger Note genießt oder auch über Süßspeisen wie Vanillecrème oder Eis träufelt. Man kann ihn sogar, wie Verkoster empfehlen, zum Abschluss eines Essens pur als Digestif reichen.

## Aceto Balsamico di Modena IGP

Dieses Erzeugnis ging aus einer Würzsauce hervor, die in der Gegend um Modena in ganz ähnlicher Art schon vor mehr als einem Jahrtausend erzeugt wurde und mit ihrer charakteristischen süßsauren Note auf die Küche des Roms der Antike verweist. Sowohl der Aceto Balsamico di Modena IGP als auch der traditionelle Balsamico mit DOP-Prädikat entstammen ein und demselben Gebiet und basieren auf den gleichen Ingredienzen. Allerdings war die Herstellung der traditionellen Version aufgrund des mit ihr verbundenen Kosten- und Zeitaufwands adligen oder betuchten Familien vorbehalten. Einfacher ließ sich dagegen der normale Balsamico-Essig gewinnen: Man mischte sapa (im Kessel über dem Feuer eingekochten Most) mit kräftigem Weinessig und erhielt so vergleichsweise schnell und kostengünstig ein Erzeugnis mit dem gewünschten säuerlich-süßen Charakter. Das erste ausführliche Rezept dafür hinterließ Graf Giorgio Gallesio (1772–1839) in einer kostbaren Handschrift der Nachwelt.

Als Reaktion auf die inzwischen weite Verbreitung des Balsamico-Essigs aus Modena wurde dessen Herstellung 1933 durch das Landwirtschaftsministerium per Rundschreiben offiziell gestattet. 1965 erschien ein ministerieller Erlass, der die Details der Zusammensetzung und Produktion festlegte. Im Juli 2009 genehmigte schließlich die Europäische Kommission mit der Verordnung Nr. 583/2009 die Verwendung der geschützten geografischen Angabe Aceto Balsamico di Modena IGP.

Während die DOP-Essige aus Modena und Reggio Emilia vor dem Gesetz als Würzsaucen gelten, ist der Aceto Balsamico di Modena IGP offiziell ein Essig und unterliegt daher den für diese Kategorie vorgeschriebenen Richtlinien. Er basiert auf einer wohlausgewogenen Kombination von Weinessig, Traubenmostkonzentrat und/oder eingekochtem, konzentriertem Traubenmost sowie einem bestimmten Anteil zehn Jahre gereiften Weinessigs und etwas Karamell, der für die samtig dunkelbraune Farbe sorgt. Nach der Zusammenstellung der Mischung, blending genannt, muss diese mindestens zwei Monate im Fass ruhen. Bei einer Reifung von über drei Jahren darf das Produkt die Bezeichnung »invecchiato« (alt) tragen.

Aus folgenden sieben weißen und roten Traubensorten kann gemäß den Vorschriften der Most bereitet werden: Trebbiano, Albana, Lambrusco, Ancellotta, Fortana, Montuni und Sangiovese). Sie sind für das Produktionsgebiet typisch, dürfen allerdings auch anderer Herkunft sein. Dass die Regeln hinsichtlich der verarbeiteten Ingredienzen beachtet werden, überwacht eine vom Ministerium für Ernährung, Landwirtschaft und Forsten dazu berufene Einrichtung. Klare Auskunft über die Zusammensetzung des Produkts gibt dem Verbraucher das Etikett, das die Zutaten in absteigender Reihenfolge ihrer Zugabemenge auflistet.

Die verarbeiteten Moste können konzentriert oder eingekocht sein. Im ersten Fall wird der Most in einem speziellen Apparat mittels Dampf und unter Sauerstoffausschluss auf etwa 65 °C erhitzt und, wenn er auf ein Drittel konzentriert ist, schnell auf unter 50 °C abgekühlt, wobei sich ein frisches, blumiges Bukett entwickelt. Aus 1 Liter Most gewinnt man 0,33 Liter Konzentrat.

*Aceto Balsamico di Modena IGP reift mindestens zwei Monate und zum Teil sogar über drei Jahre in Holzfässern.*

Eingekochten Most erhält man hingegen, indem man ein Konzentrat rasch (und in Anwesenheit von Sauerstoff) auf über 80 °C erhitzt und die Temperatur nach zweistündiger Kochzeit wieder auf unter 50 °C senkt. Aufgrund des teils karamellisierten Zuckers entfaltet dieser Most einen komplexeren Duft und eignet sich insofern eher für Essige, die länger reifen.

Die Produktion von Aceto Balsamico di Modena IGP ist auf die Provinzen Modena und Reggio Emilia beschränkt. Ein Alkoholgehalt von bis zu 1,5 % ist erlaubt, die Säure muss mindestens 6 % betragen. Abgefüllt werden darf dieser Essig überall, jedoch nur in Glas- oder Keramikflaschen von mindestens 250 ml Inhalt oder aber in Einzelportionen.

Sind auch die Zutaten stets die gleichen, können sich die Erzeugnisse je nach Hersteller doch voneinander unterscheiden. Ein Grund dafür sind variierende Mengenverhältnisse von Weinessig und Most: Wird Letzterer in höherem Anteil zugegeben, gerät der Essig dickflüssiger und süßer.

Mit Traubenmostkonzentrat entwickelt er frischere Aromen, bei Verwendung von eingekochtem Most eher »reife« und leicht »marmeladige« Töne. Wesentlichen Einfluss auf den Charakter des Endprodukts haben schließlich auch die Dauer der Reifung – zwischen zwei Monaten und mehr als drei Jahren – sowie die verwendeten Fässer: Das Volumen kann mehrere hundert Hektoliter oder auch nur 25–50 Hektoliter betragen, eine weitere Option sind die 225-Liter-Barriques.

Die Einhaltung der Produktionsvorschriften für den Aceto Balsamico di Modena IGP garantiert eine Kontrollinstanz, die jede Charge einer chemischen wie auch sensorischen Prüfung unterzieht und danach über die Marktfreigabe entscheidet. Dagegen wird die Verwendung von Aceto Balsamico di Modena IGP als Zutat in der Lebensmittelindustrie direkt durch das Ministerium für Ernährung, Landwirtschaft und Forsten überwacht.

## Würzsaucen auf der Grundlage von Essig

Aus dem Aceto Balsamico di Modena IGP gehen auch verschiedene neuartige Saucenkreationen hervor, in denen sich herbe und süße Eindrücke zu einem Gaumenkitzel der besonderen Art steigern. Zunächst für die gehobene Küche erfunden, verbinden etwa die Balsamico-Crèmes in köstlicher Vollendung zwei hochwertige Substanzen, nämlich eingekochten Traubenmost und eben Aceto Balsamico di Modena IGP. Mit ihrer dezenten Säure, dem reichen Bukett, den süß-herben Geschmackseindrücken und der dickflüssigen Beschaffenheit passen sie zu den verschiedensten Zubereitungen, darunter Pommes frites und frittierte Happen jedweder Art, Fleisch und Fisch vom Grill, Omeletts, Mozzarella und Sushi, aber ebenso Eiscrèmes und Erdbeeren. Sie sind gleichsam die italienische Antwort auf den Ketchup und finden in aller Welt großen Anklang.

Nicht nur ihre geschmacklichen Vorzüge machen die Balsamico-Crèmes so beliebt, sondern auch die viskose Konsistenz und der verlockende Schimmer, die italienische wie auch internationale Spitzenköche gerne nutzen, um Speisen effektvoll zu garnieren.

Erwähnt seien hier des Weiteren die unter allerlei Fantasienamen angebotenen Würzsaucen auf der Grundlage von Weißwein- oder Rotweinessig. Als Reaktion auf die unter Genießern rund um den Globus wachsende Vorliebe für süßsaure Noten entstanden diese Kompositionen, die neben Weinessig rektifiziertes Traubenmostkonzentrat sowie frische Moste von aromatischen Traubensorten enthalten. Dank ihrer maßvollen Säure, zu der sich in betörender Harmonie betont blumige Noten gesellen, die eben von den aromatischen Trauben herrühren, sind sie wahre Gaumenschmeichler.

*Balsamico-Creme auf der Grundlage von Aceto Balsamico di Modena IGP kommt in aller Welt beim Publikum bestens an.*

# Die Verkostung von Essigen

*Rechts: Ein Aceto Balsamico sowie je ein Rotwein-, Weißwein- und Apfelessig in Gegenüberstellung.*

*Linke Seite von links nach rechts und von oben nach unten: Fassbatterien für die Reifung von Aceto Balsamico Tradizionale di Modena DOP; ein Fläschchen mit Aceto Balsamico Tradizionale di Modena steht zur visuellen Prüfung bereit; fachkundige Beurteilung der Farbe.*

## Ein Produkt mit vielen Facetten

Hochwertige Essige stehen gutem Wein in nichts nach. Natürlich genießt man sie auf andere Art und zudem in deutlich geringeren Mengen. Doch kann, wer seine Sinne entsprechend trainiert hat, bei Essigen ebenso wie bei Weinen jeweils eigene Farb-, Duft- und Geschmacksprofile ausmachen und beurteilen, die im Übrigen auch den kulinarischen Verwendungszweck der betreffenden Erzeugnisse bestimmen.

Je nachdem, woraus sie bereitet wurden, wie lange sie gereift sind und welchen Kundenkreis sie ansprechen sollen, können Essige unterschiedliche Farbnuancen offenbaren. So präsentiert sich Apfelessig in Deutschland und Italien gewöhnlich in Strohgelb, während er in Frankreich, wo er eng mit dem Apfelanbau in der Normandie verknüpft ist, ein mehr oder weniger dunkles Bernsteingelb mit rötlichem Einschlag an den Tag legt. Das Bukett eines Aceto Balsamico Tradizionale di Modena DOP oder auch eines Pendants aus Reggio Emilia unterscheidet sich unmissverständlich von dem eines gereiften Rotweinessigs, und natürlich sind auch in puncto Struktur und Körper zwischen den jeweiligen Produkten deutliche Unterschiede zu erkennen. Vielfach haben sich bisher Erzeuger und Schutzkonsortien darum bemüht, die Modalitäten für eine objektive sensorische Bewertung von Essigen verbindlich festzulegen. Doch noch lässt ein vereinheitlichtes Vokabular zur Beschreibung der sensorischen Eindrücke ebenso auf sich warten wie eine Standardisierung der Degustationsblätter, die dann noch von zuständigen Verbänden abgesegnet werden muss. Nicht zuletzt lassen die Schulung und sorgsame Auswahl der Verkoster einstweilen zu wünschen übrig.

## Die Verkostung des Aceto Balsamico Tradizionale, Verbände und Bruderschaften

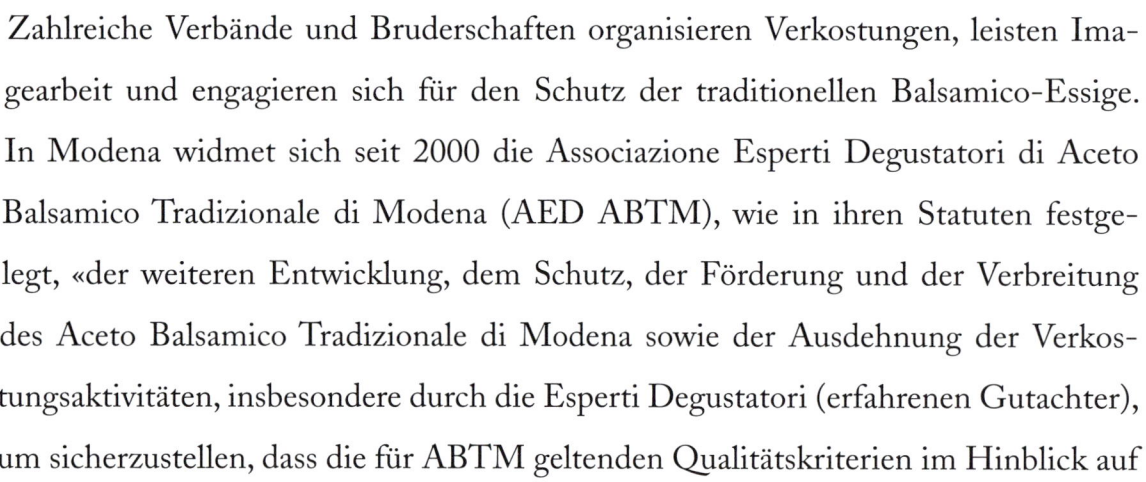

Zahlreiche Verbände und Bruderschaften organisieren Verkostungen, leisten Imagearbeit und engagieren sich für den Schutz der traditionellen Balsamico-Essige. In Modena widmet sich seit 2000 die Associazione Esperti Degustatori di Aceto Balsamico Tradizionale di Modena (AED ABTM), wie in ihren Statuten festgelegt, «der weiteren Entwicklung, dem Schutz, der Förderung und der Verbreitung des Aceto Balsamico Tradizionale di Modena sowie der Ausdehnung der Verkostungsaktivitäten, insbesondere durch die Esperti Degustatori (erfahrenen Gutachter), um sicherzustellen, dass die für ABTM geltenden Qualitätskriterien im Hinblick auf die sensorischen Eigenschaften erfüllt werden». Die Vereinigung will nicht nur ihren Mitgliedern helfen, ihre Erfahrung und Fachkompetenz zu erweitern, sondern auch Forschungsprojekte anstoßen; zudem hält sie Degustationsabende und -kurse sowie Zusammenkünfte ab, bei denen Wege zu mehr Professionalität bei Verkostungen sondiert werden. Bereits 1967 wurde die Consorteria dell'Aceto Balsamico Tradizionale di Modena mit Sitz in Spilamberto ins Leben gerufen. Sie organisiert und unterstützt Initiativen und Veranstaltungen, die auf den Schutz und die Imageaufwertung dieses Essigs wie auch darauf abzielen, seine Qualitäten und Traditionen

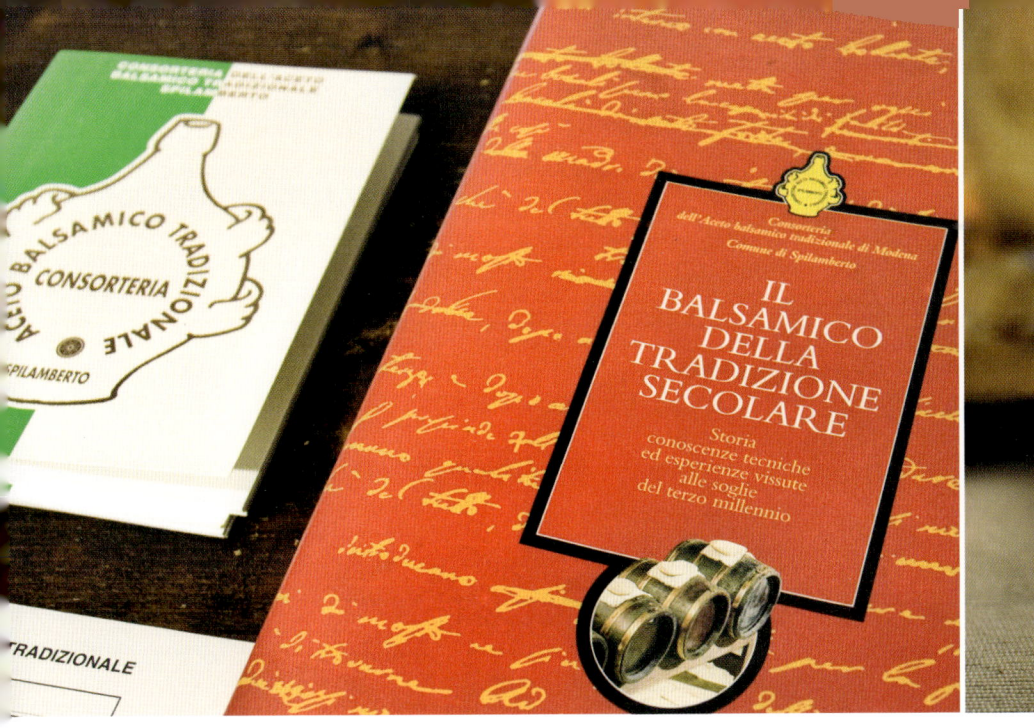

einem größeren Publikum nahe zubringen. Darüber hinaus pflegt die Bruderschaft die Praxis der aufmerksamen organoleptischen Prüfung, die zu vertiefter Kenntnis dieses kostbaren Erzeugnisses führen will, und sie organisiert jährlich in Spilamberto einen Wettbewerb namens Palio di San Giovanni, bei dem sich die besten Vertreter des Aceto Balsamico Tradizionale aus dem weitläufigen ursprünglichen Produktionsgebiet miteinander messen.

Ähnliche Aktivitäten entfaltet auch die Confraternita dell'Aceto Balsamico Tradizionale di Reggio Emilia. An jedem 4. November veranstaltet sie anlässlich des Fests zu Ehren von San Prospero, dem Schutzpatron der Stadt, den Palio Matildico, bei dem traditionell gereifte Balsamico-Essige gegeneinander antreten. Weiterhin bietet die Bruderschaft Kurse zum Aufbau und Betrieb einer Acetaia an, führt zu Demonstrationszwecken professionelle Verkostungen durch und informiert über den Aceto Balsamico Tradizionale di Reggio Emilia.

*Die traditionellen Balsamico-Essige aus Modena und Reggio Emilia mussten sich als Erste methodischen Geruchs- und Geschmacksanalysen stellen.*

## Die sensorische Prüfung

Um sicherzustellen, dass ihre Essige die an sie gestellten Qualitätsanforderungen einhalten, führen die Herstellerbetriebe in Eigenregie oder in Zusammenarbeit mit externen Laboren und spezialisierten Einrichtungen sensorische Prüfungen durch.

Dabei hat jeder Betrieb eigene Bewertungssysteme entwickelt, in die Elemente der Weinverkostung ebenso einfließen können wie solche einer hochmodernen Begutachtung mit dem Anspruch wissenschaftlicher Objektivität.

*In diesen kleinen Fässern reift Aceto Balsamico Tradizionale di Modena DOP.*

*In ihren Anfängen von subjektiven Eindrücken bestimmt, hat sich die Essigverkostung zu einer sensorischen Prüfung mit dem Anspruch auf wissenschaftliche Objektivität entwickelt.*

## Verkostung oder sensorische Prüfung?

Obwohl diese beiden Begriffe im Alltag oft parallel gebraucht werden, sind sie genau genommen doch keine Synonyme. Ist vom Geschmack von Lebensmitteln die Rede, geht es gemeinhin schlicht darum, ob dieser einem zusagt oder nicht. Dies ist das hedonistische Modell. Hingegen hat der sachliche Ansatz die objektive Bewertung des betreffenden Produkts zum Ziel, gänzlich ungeachtet der persönlichen Vorlieben dessen, der die Begutachtung vornimmt.

Die sensorische Prüfung hat also einen wissenschaftlichen Charakter. Sie will, was der Mensch mit seinen Sinnen erfasst, genau registrieren und auswerten. Mit anderen Worten nutzt diese Art der Analyse den Menschen als nüchternes Messinstrument: Er überträgt die wahrgenommenen Empfindungen von einer subjektiven in eine objektive Dimension. Daher befolgen die sensorischen Prüfungen strengste Regeln. Sie werden nur von ausgebildeten Degustatoren durchgeführt, und die gewonnenen Informationen werden, damit sie letztlich brauchbare Daten liefern, in teilweise hochkomplexen Verfahren statistisch verarbeitet.

## Requisiten für die Prüfung

Erzeuger, Gutachter und auch Genießer, die sich in dieser elitären Welt bewegen, haben das Vokabular zur Beschreibung des Aceto Balsamico Tradizionale immer weiter ausgefeilt. Ebenso wurden die Methoden zur Begutachtung zusehends ausgeklügelter und die Degustationsblätter für die Notizen unter dem Gesichtspunkt möglichst großer Objektivität überarbeitet.

Letzten Endes aber sind die verwendeten Requisiten, ganz ähnlich wie bei der Verkostung von Wein, denkbar einfach. Benötigt werden zur Aufnahme des zu bewertenden Produkts ein Glasfläschchen oder ein Kelchglas, selbstverständlich farblos, um den optischen Eindruck nicht zu verfälschen; des Weiteren eine Kerze, in deren Schein die Klarheit, Intensität und Lebhaftigkeit der Farbe des Produkts begutachtet werden; schließlich ein Porzellanlöffel, in den man zur gleichzeitigen Duft- und Geschmacksprüfung des Produkts einige Tropfen davon gibt.

Es gibt ganz unterschiedliche Arten von Degustationsblättern. Manche sehen eine analytische

*Linke Seite: Zur Ermittlung des Reifezustands wird aus einem Fass mit Aceto Balsamico Tradizionale eine Probe entnommen.*

*Unten: Visuelle Prüfung eines Aceto Balsamico Tradizionale; ein Porzellanlöffel mit einer Probe eines Rotweinessigs.*

Beschreibung vor, gegliedert in die drei Phasen der Prüfung (mit abschließendem Gesamturteil). Andere zeigen einen in Segmente geteilten Kreis, in dem man, anstatt eine Punktzahl zu vergeben, einfach – grafisch griffig – die Intensität der jeweiligen Empfindung markiert.

## VORAUSSETZUNGEN DER SENSORISCHEN PRÜFUNG

Die Bewertung muss durch speziell dafür ausgebildete Gutachter und unter absolut neutralen Bedingungen erfolgen. Dazu gehören Einzelkabinen, getrennt durch Paravents und erhellt durch monochromatische Leuchtmittel, sowie eine Darreichung der Proben, die auf jedes Brimborium verzichtet.

Derlei Szenarien haben natürlich nichts mit der romantischen und bisweilen fast schon esoterisch anmutenden Atmosphäre zu tun, die manche Degustation von traditionellen Balsamico-Essigen aus Modena und Reggio Emilia mit DOP-Siegel begleitet. Doch ist diese Sachlichkeit heutzutage unerlässlich, um den inzwischen internationalen Verbraucherkreisen zu garantieren, dass die getesteten Erzeugnisse in ihrer Qualität den modernen Markterfordernissen entsprechen.

Ganz gleich aber, ob es sich um eine Verkostung der traditionellen Art handelt oder um eine nüchterne sensorische Prüfung durch ein hochqualifiziertes Komitee – die Fachwelt sagt dazu panel –, ist und bleibt der Mensch mit seinen sinnlichen Wahrnehmungen, seiner Fachkompetenz und seinem kulturellen Hintergrundwissen in diesem Prozedere doch die letztlich entscheidende Instanz.

## Die visuelle Prüfung

Mit ihr nähert sich der Gutachter dem Produkt. Er betrachtet das optische Erscheinungsbild des Essigs und gewinnt erste Vorstellungen von dessen Eigenschaften, auf die er in den folgenden Prüfungsphasen eingeht.

Es muss sich nur eine kleine Menge des Essigs im Glas befinden, damit der Experte dessen Farbe, Klarheit und Viskosität beurteilen kann. Letztere spielt als Bewertungskriterium vor allem bei den traditionellen Balsamico-Essigen eine bedeutende Rolle. Ein normaler Weinessig ist in etwa so dünnflüssig wie Wasser. Dagegen erweist sich der Aceto Balsamico Tradizionale als sehr viel dickflüssiger, und eben diese sirupartige Beschaffenheit gilt gemeinhin als Hinweis auf eine hohe Qualität. Der Gutachter ermisst die Viskosität des zu prüfenden Essigs daran, wie dick dieser nach dem Schwenken im Glas die Innenwand überzieht und wie lange sich dieser Film hält. Das ideale Farbspektrum reicht bei Balsamico-Essig von Bernsteinfarben bis zu dunklem Braun – das Optimum!

*Von links nach rechts: Weißweinessig, Apfelessig, Rotweinessig und Aceto Balsamico di Modena IGP. Nicht nur die eigentliche Farbe, sondern auch die Klarheit und Viskosität werden bei der visuellen Prüfung begutachtet.*

## DIE GERUCHLICHE PRÜFUNG

In dieser Prüfungsphase führt der Gutachter das Glas mit der enthaltenen Probe zur Nase, um die Dufteindrücke zu erfassen.

Die Schärfe des Essigs kann ein gewisses Problem darstellen. Daher sollte der Prüfer in kurzen Abständen nicht zu tief einatmen, damit das Geruchsempfinden nicht abstumpft (oder gleichsam "verätzt" wird).

Mit dieser Analyse können folgende Faktoren ermittelt werden: die Feinheit, sprich die Qualität der Aromen und die Gefälligkeit des Duftbilds; die Sauberkeit von Fremd- oder Fehlgerüchen; die Persistenz, also die Beständigkeit, mit der sich der Dufteindruck hält, nachdem man das Glas von der Nase weg bewegt hat; der Essiggeruch, der sich harmonisch darstellen sollte.

Natürlich können erfahrene Prüfer auch die Entwicklungsnoten bei gereiften Weinessigen und mehr oder weniger lange ausgebauten Balsamico-Essigen sowie alle anderen Geruchsmerkmale erfassen und beurteilen, die in ihrem Zusammenspiel das komplexe Duftbild entstehen lassen, wobei etwaige Fehler nicht ausgenommen sind.

Die geruchliche Analyse von Essigen gestaltet sich schwieriger als die von Weinen, da die Säure und die eindringlichen Empfindungen den in der Nasenhöhle gelegenen Riechkolben intensiv beanspruchen. Aus diesem Grund wird eine solche Analyse gewöhnlich auf einige wenige Proben beschränkt. Wer Bewertungen mit professionellem Anspruch vornimmt, muss viel Erfahrung und eine bestens geschulte Nase mitbringen.

*Feinheit, Sauberkeit und Persistenz stehen neben dem Essiggeruch bei der Duftprüfung im Mittelpunkt.*

## DIE GESCHMACKLICHE PRÜFUNG

Sie stellt sich als besonders komplex dar, da hier neben den tatsächlich auf der Zunge wahrgenommenen auch retronasale Eindrücke mit einfließen. Was gemeinhin als Geschmack bezeichnet wird, ist in Wirklichkeit zum Teil auf Empfindungen des Geruchssinns zurückzuführen.

Weiter kompliziert wird die Sache dadurch, dass es sich bei Essig nicht um ein Getränk oder eine Speise handelt, er also eigentlich nicht für sich genossen wird, sondern vielmehr als Würze dient. Daher müssten die Duft- und Geschmackseindrücke, die er mit sich bringt, auch im Zusammenhang mit den kulinarischen Zubereitungen, für die er vorgesehen ist, betrachtet werden.

*Dank ihrer Vertrautheit mit dem Produkt können Experten die Duft- und Geschmacksqualitäten eines Essigs gleich erfassen und sein Entwicklungspotenzial während der weiteren Reifung vorhersagen.*

Natürlich ist dies nicht möglich. Folglich beschränkt man sich bei der sensorischen Prüfung zunächst auf das Produkt an sich, als wäre es eben ein Getränk oder eine Speise, oder man bewertet den Essig im Zusammenspiel mit einer "neutralen" Speise. Im Anschluss kann man dann noch seine Eignung als Würzsauce in der Kombination mit verschiedenen Zubereitungen ermitteln.

Man muss nur wenige Tropfen zu sich nehmen, um einen Essig zu verkosten. Indem man ihn mit der Zunge auch über den Gaumen verteilt, entfaltet er seine Aromen außer in der Mundhöhle ebenso im Nasenraum und lässt sich so in seiner ganzen Komplexität optimal wahrnehmen. Bei der Geschmacksanalyse werden folgende Faktoren beurteilt: der Körper beziehungsweise die Fülle, die bei Balsamico-Essigen und insbesondere solchen des traditionellen Typs sehr ausgeprägt sein muss; die Intensität – oder Eindringlichkeit –, mit der sich die gusto-olfaktorischen Eindrücke

mitteilen, wenn man die Probe zum Mund bringt; die Harmonie, die sich durch die Ausgewogenheit zwischen allen Bestandteilen des Essigs ergibt; die Säure, die zwar deutlich, aber nicht so übertrieben spürbar sein soll, dass sie die übrigen Aromen übertönt. Das zusammenfassende Ergebnis der gesamten Prüfung gibt Aufschluss über die Qualität eines Essigs und ermöglicht es auch, im Vergleich mit ähnlichen Erzeugnissen etwaige Unterschiede zu ermitteln. Zugleich lässt sich aus der Analyse ableiten, inwieweit das Produkt beim Verbraucher ankommt. All diese Erkenntnisse sind von großer Bedeutung für die Entwicklung neuer Produkte.

## Die Geschmacksfelder der Zunge

Über die Geschmackspapillen auf unserer Zunge empfangen wir saure, salzige, süße und bittere Empfindungen, aus denen sich eine ganze Reihe anderer Eindrücke ergeben. Die fünfte gustatorische Wahrnehmung namens "umami", die mit Glutamat in Verbindung gebracht wird, spielt beim Essig keine Rolle.

Ein saurer Geschmack wird durch Wasserstoffionen hervorgerufen, die von den Säuren entbunden sind; bisweilen rufen sie auch süße, saure oder bittere Eindrücke hervor. Man nimmt den sauren Geschmack nur zwischen der Mitte und den Randbereichen der Zunge sowie seitlich nahe der Zungenspitze wahr. Salziger Geschmack ist typisch für Natriumchlorid (manche Salze bewirken auch bittere Eindrücke), und er wird vor allem an den Seitenrändern der Zunge registriert. Süße Eindrücke werden durch viele Substanzen erzeugt, in erster Linie jedoch durch Zucker und Alkohol. Auf diese Empfindungen, die insbesondere der Zungenspitze zuzuordnen sind, spricht der Mensch am schwächsten an. Verschiedene Substanzen, vor allem Alkaloide und einige Salze, sind für bittere Eindrücke ursächlich verantwortlich; am intensivsten werden sie am Zungengrund wahrgenommen, und auf sie reagieren wir besonders sensibel.

*Essig ist eine Würze. Daher muss man sich nur eine kleine Menge auf der Zunge zergehen lassen , um seinen Genusswert zu erkennen.*

# Gesundheitselixier und Haushaltshelfer

## Eine wertvolles Mittel mit langer Tradition

Noch vor etwa 150 Jahren war der Essig in allen maßgeblichen europäischen Arzneibüchern verzeichnet und wurde ganz selbstverständlich als Heilmittel verordnet. Dass dem heute nicht mehr so ist, sollte nicht zu dem Irrglauben verleiten, Essig sei früher falsch eingeschätzt worden oder die Ärzte hätten seinerzeit quacksalberisch gehandelt. Vielmehr waren die heilenden und vor allem vorbeugenden Wirkungen des Essigs schon damals wissenschaftlich belegt und werden bis heute nicht bezweifelt. Nur wurde er im Verlauf des 19. Jahrhunderts mit dem pharmazeutischen Fortschritt zunehmend durch Arzneimittel verdrängt, die ein ganz spezifisches Wirkungsspektrum entfalteten oder auch leichter zu verabreichen waren, etwa aufgrund ihres neutraleren Geschmacks. Tatsächlich waren die Essige im Mittelalter noch dermaßen herb und sauer, dass die geschwächten und entsprechend empfindlichen Patienten sie kaum schlucken konnten. Folglich ging man dazu über, mit Honig gesüßte Sirupe aus Essig (ossimieli) zu bereiten. Bereits im Mittelalter begann man auch, Essig für die Herstellung verschiedener medizinischer Auszüge herzustellen: Man machte sich seinen hohen Säuregehalt zunutze, um aus Pflanzenteilen ihre wertvollen Wirkstoffe zu extrahieren. Gleichzeitig waren diese Präparate eben wegen der Säure länger haltbar.

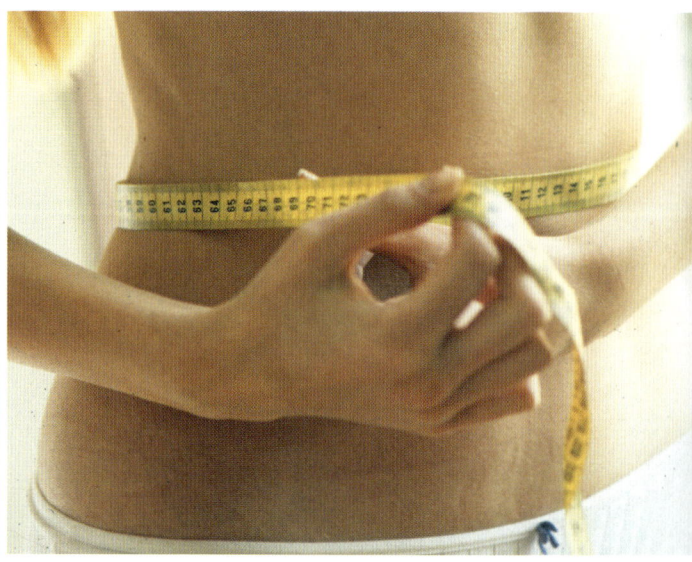

## Für das körperliche und seelische Wohlbefinden

Heute wird Essig für Heilzwecke kaum noch eingesetzt. Man bringt ihn nicht mehr, wie es die alten Griechen empfahlen, auf Wunden auf. Er gilt nicht länger als Mittel gegen Fettsucht, als das ihn Dioskurides pries, der zu Zeiten Neros als Arzt, Botaniker und Verfasser einer Arzneimittellehre Anerkennung erlangte. Seine Rolle als Prophylaxe gegen die Pest, die vom 14. bis 17. Jahrhundert in Europa wütete, wie so eindrücklich von Alessandro Manzoni in seinem Roman Die Verlobten geschildert, hat der Essig ebenfalls ausgespielt.

Trotz seines Verschwindens aus den Arzneibüchern ist Essig jedoch aufgrund bestimmter pharmazeutischer und kosmetischer Wirkungsweisen weiterhin geschätzt. Oft wurden diese über die Jahrhunderte mündlich weitergegeben, und aufgrund von Erkenntnissen aus neuerer Zeit kamen weitere hinzu. Nachfolgend sind die wichtigsten Verwendungszwecke beschrieben. Die Auswahl konzentriert sich auf Fälle des praktischen Alltags wie Momente der Erschöpfung, kleine Verletzungen oder Entzündungen, aber auch Körper- und Schönheitspflege.

## ERSCHÖPFUNG

Bei unserer heutigen hektischen Lebensweise stellen sich häufiger Erschöpfungszustände ein. Wertvolle Hilfe leistet hier der Essig: Man gibt 1 Liter davon (vorzugsweise Weißwein- oder Apfelessig) ins Badewasser, und Stressgefühle sowie Muskelverspannungen lassen nach. Die gleiche Wirkung erzielen Sie, indem Sie den Körper vor dem Duschen mit Essig abreiben.

## ZAHNSCHMERZEN

Seit undenklichen Zeiten gilt Essig als Mittel gegen Zahnschmerzen. Nach einem überlieferten Rezept lässt man 1 Glas Essig mit 1 Knoblauchzehe eine Weile kochen. Diesen Absud anschließend lauwarm abkühlen lassen und den Mund damit spülen, insbesondere die schmerzende Stelle.

## KLEINE VERLETZUNGEN

Essig leistet vorzüglich Erste Hilfe bei Abschürfungen, Pusteln, leichten Verbrennungen und kleinen Hautverletzungen. Beim Reinigen der Wunden mit Essig entfaltet dieser seine antibakterielle Wirkung, sodass die Heilung schneller vonstatten geht und Entzündungen vorgebeugt wird.

## BLÄSCHEN, ERKÄLTUNG, SCHLUCKAUF

Gurgeln mit einer Lösung aus Wasser und Essig wirkt hervorragend gegen weiße Bläschen im Mundraum. Darüber hinaus wirkt Essig fiebersenkend, er bekämpft Infektionen, hilft bei Entzündungen, vertreibt Kopfschmerzen, die durch schlechte Luft verursacht wurden, desinfiziert Insektenstiche und lindert die verbrennungsähnlichen Verletzungen durch Quallen.

Hartnäckigen Schluckauf bekommt man wie folgt in den Griff: Man träufelt einige Tropfen Essig auf einen Zuckerwürfel, den man dann langsam kaut. Der Erfolg lässt nicht lange auf sich warten.

## HAARE

Essig unterstützt nicht nur, wie zuvor beschrieben, das körperliche Wohlbefinden, sondern wird ebenso seit Jahrtausenden als Schönheitsmittel genutzt – vor allem zur Pflege der Haare und, wie auf Seite 144 im Zusammenhang mit Apfelessig ausgeführt, auch zur Pflege der Augen.

Lauwarmes Wasser, angereichert mit etwas Weinessig, ergibt eine hervorragende Spülung vor allem für fettige Haare. In Abständen von zwei Wochen nach dem Schamponieren angewandt, verhilft sie zu geschmeidigem Haar voller Glanz und Volumen.

Nicht unerwähnt sei hier auch die Wirkung des Essigs gegen Parasiten: Bis heute verwendet man ihn, um Kopfläuse zu bekämpfen (mit Spülungen, beziehungsweise bei hartnäckigem Befall mit Packungen).

## HAUT

Oft wird Essig für die Pflege insbesondere trockener Haut empfohlen. Er wirkt gegen Unreinheiten und regt die Durchblutung an. Mit einer Emulsion aus etwas Mandelöl und einigen Tropfen Essig lassen sich abgestorbene Hautpartikel gut entfernen.

Ein weiterer Einsatzbereich für Essig im Zusammenhang mit der Haut betrifft unangenehme Gerüche, wie sie etwa zurückbleiben, wenn man rohen Fisch küchenfertig vorbereitet hat. In dem Fall verreibt man zunächst reinen Essig zwischen den Händen und wäscht sie danach in Essigwasser.

Essig ist ein wahrer Zauber-trank. Unter anderem hilft er unserem Körper im Kampf gegen freie Radikale und beugt Gefäßerkrankungen vor.

## Ein Löffel Essig am Tag den Doktor erspart …

Wie eine alte Volksweisheit besagt, macht ein Apfel pro Tag den Arzt-besuch überflüssig. Kann man dies zu Recht auch vom Essig behaupten? Tatsächlich sind in wissenschaftlichen Arbeiten zahlreiche positive Wirkungsweisen des Essigs beschrieben. Beispielsweise stabilisieren die in ihm enthaltenen Phenolverbindungen die Vitamine E und C sowie weitere Antioxidantien, die allesamt wesentlich zum Erhalt unserer Gesundheit beitragen.

Vielfach wissenschaftlich untermauert ist desgleichen die vorbeugende Wirkung des Essigs gegen krankhafte Veränderungen, die heutzutage die größten gesundheitlichen Risiken darstellen, etwa Herz-Kreislauf-Erkrankungen. Auch unser Stoffwechsel wird durch den Essig günstig beeinflusst. So reguliert Essig nachweislich den Blutzuckerspiegel und die Insulinproduktion. Mithin ist seine Einnahme unter anderem Diabetikern zu empfehlen, um die Folgen einer stärkereichen Mahlzeit auf der Grundlage von Nudeln oder Reis auszugleichen.

Wie in jüngerer Zeit durchgeführte Tierversuche erwiesen, kann regelmäßiges Trinken von Essig-wasser zu den Mahlzeiten außerdem wesentlich dazu beitragen, Fettablagerungen an den Gefäß-wänden und die Entstehung von Bluthochdruck zu vermeiden. Zusammenfassend lässt sich feststellen, dass der Essig aufgrund seiner Auswirkungen auf den Stoffwechsel ein wertvolles natür-liches Herzschutzmittel darstellt. Ein wenig Essig, nach dem Essen eingenommen, tut der Gesund-heit zweifellos gut.

## Sauberkeit und Frische in der Küche

Essig vermag nicht nur das körperliche und seelische Wohlbefinden unterstützen, sondern bewährt sich auch vielfach im Haushalt. Insbesondere sorgt er in der Küche für Hygiene und Glanz, ohne dabei, wie teilweise andere Reinigungsmittel, bedenkliche Substanzen zu hinterlassen und die Umwelt zu belasten.

### Gläser und Geschirr

Nichts eignet sich besser, um sie perfekt zu spülen, als Essig. Machen Sie die Probe aufs Exempel: Reichern Sie das Wasser anstatt mit dem üblichen Spülmittel mit 2–3 EL Essig pro Liter an. Das Ergebnis wird Sie überraschen. Gläser erstrahlen in makellosen Glanz – man muss sie nicht einmal abtrocknen, sondern stellt sie einfach kopfüber in ein Abtropfgestell. Schlieren- und geruchsfrei präsentiert sich auch mit Essig gespültes Geschirr.

### Töpfe

Essig ist zudem das ideale Mittel, um aus Töpfen, Pfannen und Gratinformen angebrannte Essensreste mühelos zu entfernen. Man bedeckt die Kruste einfach mit Essig, lässt ihn eine halbe Stunde einwirken und schabt die Oberfläche anschließend sauber. Für ein schnelleres Ergebnis lassen Sie im Kochgefäß reinen oder mit etwas Wasser verdünnten Essig kochen, bis sich die Verkrustung komplett gelöst hat.

## Zum Entkalken

Mit Essig sagen Sie Kalkablagerungen wirksam den Kampf an. Um einen Wasserkocher oder andere Gefäße, die regelmäßig länger mit Wasser in Kontakt sind, zu entkalken, gibt man zu ²/₃ Essig und zu ¹/₃ Wasser sowie eine Handvoll Salz hinein. Die Mischung erhitzen, einige Minuten kochen und dann 12 Stunden einwirken lassen. Das Gefäß vor der erneuten Verwendung gründlich ausspülen.

Bei Teekesseln oder Töpfen aus Aluminium empfiehlt sich die gleiche Behandlung, allerdings mit veränderten Vorzeichen, sprich: mehr Wasser und weniger Essig.

Zum Entkalken von Gegenständen aus Edelstahl wie Spülbecken, Armaturen und dergleichen genügt es, einen Schwamm mit warmem Essig zu tränken und damit einfach über die Oberflächen zu wischen. Durchflussbegrenzer in Wasserhähnen und Duschköpfen werden abgeschraubt und in Essig eingelegt, bis sich die Kalkkrusten gelöst haben.

## Als Abflussreiniger

Um einen verstopften Abfluss zu reinigen, gießt man kochenden Essig hinein und lässt ihn mindestens 1 Stunde einwirken, bevor man das Wasser wieder laufen lässt. Bei extremer Verstopfung kann man zusätzlich Natron hinzugeben.

## Espressokannen und Tassen

Um sie gründlich von Ablagerungen zu befreien, mischt man 1 Handvoll Salz mit etwas Essig, reibt sie sorgfältig mit der Paste aus, spült sie gründlich unter fließendem Wasser und lässt sie schließlich ausgiebig trocknen.

## Gegen üble Gerüche

Vielfach genutzt wird auch die Fähigkeit des Essigs, schlechte Gerüche zu beseitigen. So wäscht man die Dose, in der im Kühlschrank der Käse aufbewahrt wird, regelmäßig mit Essig aus, damit sich keine ranzigen oder schimmeligen Duftnoten entwickeln. In Extremfällen gibt man für mehrere Stunden einen essiggetränkten Schwamm hinein.

Der Brotkasten wird, damit das Brot frisch bleibt und keine unangenehmen Gerüche annimmt, einmal pro Woche mit einem mit Essigwasser benetzten Schwamm ausgewischt.

## Spülmaschine und Kühlschrank

Wenn man nach längerer Abwesenheit nach Hause zurückkehrt, sollte man den Geschirrspüler vor dem ersten neuerlichen Einsatz einmal unbeladen, lediglich befüllt mit 1 Liter Essig, laufen lassen. Hat sich im Kühlschrank ein schlechter Geruch festgesetzt, räumt man ihn aus, säubert ihn (möglichst mit Wasser und Essig) und stellt dann auf eine der Innenablagen eine kleine Schüssel mit warmem Essig, den man erkalten lässt. Diesen Vorgang wiederholt man mehrere Male.

## Backofen

Mit einem mit Wasser und Essig getränkten Schwamm lässt sich auch der Backofen gut säubern. Den Mikrowellenherd kann man dagegen wie folgt ganz einfach reinigen: Ein Glas bis auf halbe Höhe mit Wasser und Essig zu gleichen Teilen füllen; in das Gerät stellen und auf höchster Stufe 4–5 Minuten erhitzen. Nach einigen Minuten herausnehmen und das Gerät mit einem feuchten Schwamm auswischen.

*Kalter Rauch, Fettgeruch oder abgestandene Luft – Essig bekommt alles natürlich in den Griff.*

## Essig als Raumdeo

Nicht selten kommt es vor, dass beim Kochen ein penetranter Geruch entsteht, der sich dann unter Umständen tagelang nicht verziehen will. Dies passiert etwa, wenn man frittiert, Blumenkohl kocht, stundenlang Fleisch im Backofen schmort oder – ein Klassiker! – wenn man etwas im Backofen vergisst und anbrennen lässt. Es gibt jedoch eine simple, wirksame und dazu noch preisgünstige Methode, um die Geruchsschwaden zu neutralisieren: Man füllt einen kleinen Topf mit Wasser und Essig zu gleichen Teilen und lässt die Mischung aufkochen. Schon nach kurzer Zeit riecht die Raumluft wieder frisch. Alternativ kann man einige Spritzer Essig auf die heiße Herdplatten geben.

Schon während der Kochens lässt sich etwas gegen die Gerüche unternehmen, indem man einfach einige Esslöffel Essig beziehungsweise, wenn es um Kohl geht, ein essiggetränktes Stück Brot ins Kochwasser gibt.

Sehr häufig kommt Essig auch zum Einsatz, um kalten Rauch zu bekämpfen. Dafür stellt man in Räumen, in denen geraucht wurde, ein oder zwei mit Essig gefüllte Gefäße auf. Ebenso verschwinden auf diese Weise Gerüche, die nach Anstreich- oder Lackierarbeiten unweigerlich in der Luft liegen.

## Ein Multitalent im Haushalt

Vor allem für seine fettlösenden und antibakteriellen Eigenschaften ist Essig hinlänglich bekannt. Doch kann er noch viel mehr: So macht er sich als Weichspüler, wirksamer Fleckenentferner und vielseitiges Reinigungsmittel nützlich und verhilft sogar Holz und Metallen zu frischem Glanz.

## Wäsche

Wäsche wird herrlich weich und zudem zuverlässig von Fettrückständen befreit, wenn man mit dem Waschmittel einige Esslöffel Essig in die Maschine gibt.

Selbst stark verschmutzte Kleidungsstücke werden so fleckenlos rein. Außerdem verhindert Essig das Verfilzen von Wolle, er macht waschbare Bettdecken schön flauschig und erhält die Leuchtkraft von farbigen Geweben. Man kann weißen Essig auch wie einen üblichen Fleckenentferner direkt auf Flecken auftragen, sollte dabei aber zunächst an einer verdeckten Stelle des Wäschestücks einen Test machen. Bei hartnäckigen Flecken wie Rückständen von Deodorants legt man die Bluse oder das Hemd vor der Wäsche in Essigwasser ein. Flecken, die Kalk auf der Arbeitskleidung von Maurern hinterlässt, entfernt man durch Befeuchten mit Essigwasser und anschließendes Reiben des Stoffes.

Aceto
di
Vino Rosso

Aceto
di
Vino Bianco

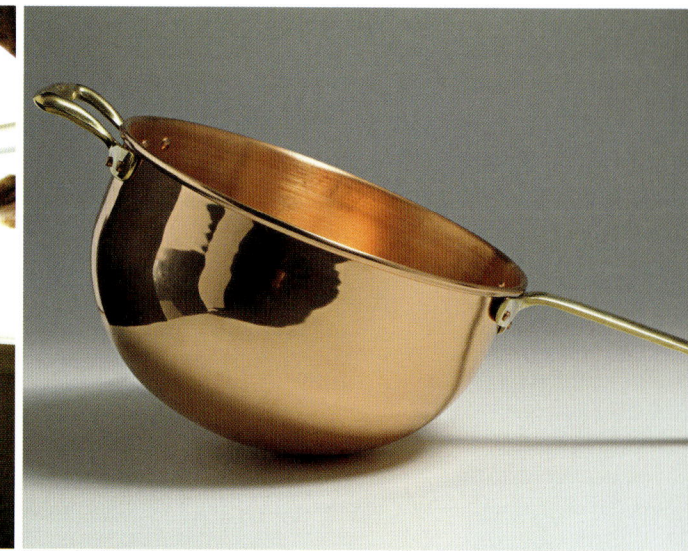

## Fussböden, Fenster und Bad

In einem soeben gestrichenen oder verputzten Raum lässt sich der Boden hervorragend mit einer Wasser-Essig-Lösung von Farb- beziehungsweise Gipsresten säubern, bevor man anschließend noch einmal mit klarem Wasser nachwischt.

Zum Säubern von Fensterscheiben, Kristallleuchtern, Vasen und anderen Glasgegenständen bereitet man eine lauwarme Mischung aus Wasser und Essig zu gleichen Teilen. Sie hinterlässt bei der Reinigung zugleich einen feinen Überzug, der das Glas oder Kristall besonders glänzen lässt. Auch werden durch den leicht beißenden Essigduft Insekten ferngehalten.

Duschkabine und Wanne, Waschbecken und WC reinigt man am besten mit einem rauen, mit weißem Essig getränkten Schwamm. Mit klarem Wasser nachwischen und die Flächen sorgfältig trocken reiben. Schimmelspuren auf Fliesen oder in den Ecken entfernt man mit Essigwasser.

## Holz, Kupfer und Messing

Als Politur für Naturholzmöbel eignet sich eine Emulsion aus Essig und Öl zu gleichen Teilen: Mit einem Lappen in Richtung der Maserung auftragen, danach die Flächen mit einem weichen Tuch trocken reiben. Um lackiertes Holz wieder glänzen zu lassen, reibt man es mit einem mit lauwarmem Essigwasser getränkten Lappen ab; auch in diesem Fall sogleich mit einem sauberen, trockenen Tuch nachwischen. Für Kupfer und Messing grobes Salz mit warmem Essig befeuchten; nach dem Einreiben den Gegenstand mit klarem Wasser abspülen und mit einem weichen Tuch abtrocknen.

## Bügeleisen und Waschmaschine

Um das breite Einsatzspektrum von Essig komplett zu machen, hier noch einige Tipps zur Pflege dieser beiden viel beanspruchten Haushaltsgeräte. Die Gleitfläche des Bügeleisens säubert man, indem man sie mit warmem Essig und feinem Salz abreibt. Um den Kalk aus dem Wassertank zu entfernen, wird dieser mit einer Mischung aus Wasser und Essig zu gleichen Teilen gefüllt. Anschließend das Bügeleisen aufheizen und etwas Dampf ausstoßen. Das Gerät wieder abkühlen lassen, zuletzt den Tank leeren und ausspülen.

Um in der Waschmaschine Kalkablagerungen zu beseitigen, gibt man eine größere Menge Essig (etwa 4 Liter), verdünnt mit reichlich Wasser, in die Maschine und lässt sie dann bei 90 °C einmal durchlaufen – ohne Wäsche selbstverständlich.

## Prachtvolle Blumen

Pflanzen, die in Terrakottatöpfen gezogen werden, kann man mit Hilfe von Essig anregen, reicher zu blühen und prächtiger zu sprießen. Dazu reibt man die Töpfe außen mit lauwarmem Essigwasser ab, das man anschließend sorgfältig mit klarem Wasser abspült. So werden die Poren des Terrakottamaterials wieder geöffnet, sodass die Wurzeln der Pflanzen besser atmen können. Auch Schnittblumen können durch Essig profitieren. Sie bleiben erheblich länger frisch, wenn man 2 Esslöffel Essig und dazu 2 Esslöffel Zucker in die Vase gibt. Das Ergebnis wird Sie überraschen.

### Ein Elixier aus Äpfeln

Über die Jahrhunderte hat sich der Apfelessig einen Ruf erworben, der ihn beinahe zu einem Lebenselixier erhebt. Wer gesund und bei Kräften bleiben will, baut auf ihn. Dass gerade Apfelessig unter all den verschiedenen Sorten eine so besondere Wertschätzung genießt, ist seinem enorm hohen Gehalt an Wirkstoffen zuzuschreiben: Bereits 1 Teelöffel liefert reichlich Vitamine, Aminosäuren, Mineralien wie Kalium und auch Spurenelemente, die allesamt sehr wichtig für das körperliche Wohlbefinden sind.

Die positiven Eigenschaften des Apfelessig wurden gründlich durchleuchtet.

Unter anderem widmete sich ihnen Cyril Scott (1879–1970), eine schillernde Persönlichkeit.

Der Brite betätigte sich als Schriftsteller, schrieb Gedichte, war in Kontakt mit Okkultisten, komponierte klassische Musik und setzte sich in Essays mit Gesundheitsthemen auseinander.

Man darf wohl mit Fug und Recht behaupten, dass er auf dem letztgenannten Gebiet besonders überzeugte: Am 31. Dezember 1970 starb er im ehrwürdigen Alter von 91 Jahren. Hat er auch nicht das ultimative Lebenselixier entdeckt, war er wohl doch nicht weit davon entfernt.

**Cider Vinegar: Nature's Great Health Promoter and Safest Treatment of Obesity** – so lautet der Originaltitel des Buches, das Scott 1948 über den »Cidre-Essig« verfasste und das 1968, als sein Autor fast das 90. Lebensjahr erreicht hatte, einem größeren Publikum bekannt wurde. Scott hielt den Essig für einen »Motor der Gesundheit«, der den Stoffwechsel beeinflusst und die körperlichen Abwehrkräfte stärkt.

Sofern gewisse Beschwerden wie Gewichtszunahme, Haarausfall, Karies, müde Augen oder simple Gelenkprobleme nicht krankheitsbedingt sind (was man in jedem Fall ärztlich untersuchen lassen sollte), kann Apfelessig Abhilfe schaffen. Wie das?

Nehmen wir beispielsweise Übergewicht, das gewöhnlich auf eine Fehlernährung zurückzuführen ist. Die Menge der in unserem Körper enthaltenen Flüssigkeit muss konstant gehalten werden, und hierbei kann die regelmäßige Zufuhr von Apfelessig helfen. Wie Scott behauptet, erreicht man mit 2 Teelöffeln Apfelessig täglich, in 1 Glas Wasser verrührt und morgens auf nüchternen Magen getrunken, eine Abnahme von 3 Kilogramm Gewicht pro Monat. In schweren Fällen sollte man die »Kur« auf alle Hauptmahlzeiten ausdehnen, sprich jeweils während des gesamten Essens schluckweise Essigwasser trinken. Nach Erreichen des Idealgewichts fährt man, wie Scott weiter empfiehlt, mit 1 Glas Wasser und Apfelessig pro Tag fort und bleibt so nicht nur in Form, sondern fühlt sich generell wohl.

## Husten, Halsweh, leichtes Asthma

Auch wenn ein neues Jahrtausend angebrochen ist, bleiben die alten Überlieferungen lebendig. Zu ihnen gehören die bewährten Hausmittel, die auf Apfelessig basieren. Er wird etwa gegen den Husten empfohlen, der auch am Ende einer Erkältung mitunter nicht abklingen will, den Hals reizt und dafür sorgt, dass man nachts immer wieder aufwacht. Für diesen Fall sollte man 2 Teelöffel des Essigs in 1 Glas Wasser verrühren, das man griffbereit auf den Nachttisch stellt.

Ebenso hilft es gegen trockenen nächtlichen Husten, Apfelessig auf das Kopfkissen zu sprühen.

Bei akuter Mandelentzündung und leichtem Asthma wird dazu geraten, mindestens 7 Stunden lang halbstündlich ½ Glas Wasser mit 1 Teelöffel Apfelessig zu trinken.

## Augen, Rachen und Ohren

Mit seinen Wirkstoffen lindert Apfelessig Beschwerden der Augen, der Ohren und des Rachens.

In Wasser verrührt und sparsam aufgetupft, hilft er, wenn die Augen müde oder infolge von grellem Licht gereizt sind.

Auch gegen Ohrenfluss infolge einer Mangelversorgung mit Mineralstoffen wirkt Apfelessig. Manche Experten raten in diesem Fall, am Vormittag und Nachmittag je 1 Teelöffel Apfelessig, verrührt in 1 Glas Wasser, einzunehmen.

Diese Essiglösung empfiehlt sich ebenso gegen Heiserkeit, und zwar in erster Linie als Gurgelmittel, das man in regelmäßigen Abständen anwendet. Bei Mandelentzündung und leichten Formen von Asthma kann man dagegen Inhalationen mit Apfelessig durchführen. Dafür füllt man diesen etwa 5 Zentimeter hoch in einen Topf und erhitzt ihn, bis er zu verdampfen beginnt. Der eingeatmete Dampf befreit die Nase, lässt Entzündungen der Schleimhäute abklingen und entfaltet eine antibakterielle Wirkung.

## Gehirn und Verdauung

Dank seines ausgewogenen Gehalts an Aminosäuren, Vitaminen und Mineralstoffen unterstützt der Apfelessig sämtliche wichtigen Funktionen des Körpers, darunter auch die unseres Gehirns und Gedächtnisses. Um von

dieser positiven Wirkung zu profitieren, sollte man täglich 1 Esslöffel des Essigs, aufgelöst in 1 Glas Wasser, zu sich nehmen. Wertvolle Dienste leistet er des Weiteren bei Verdauungsproblemen, die mit Völlegefühl und leichter Übelkeit einhergehen. In dem Fall gibt man 1 Teelöffel in 1 Glas Wasser und trinkt die Mischung schluckweise mit kurzen Pausen.

## SODBRENNEN, DURCHFALL & CO.

Apfelessig kann Keime im Magen-Darm-Trakt abtöten und insofern auch Durchfallerkrankungen sowie Sodbrennen entgegenwirken, zudem regt er die Peristaltik an. Aus den genannten Gründen empfiehlt sich beim Besuch von Ländern, in denen das Risiko einer Magen-Darm-Erkrankung hoch ist, die regelmäßige Einnahme von Apfelessig (vor jedem Essen 1 Teelöffel auf 1 Glas Wasser).

Um dagegen den pH-Wert des Harns zu regulieren, falls dieser zu sehr in den sauren oder basischen Bereich tendiert, sollte man zu jeder Hauptmahlzeit 1 Glas Wasser mit 2 Teelöffeln Apfelessig trinken.

## HAARE, NÄGEL UND ZÄHNE

Apfelessig kann körperliche Abbauerscheinungen aufhalten. Dazu gehört Haarausfall, dem sehr häufig ein Mangel an Mineralstoffen

– Kieselsäure, Calciumphosphat und Natriumchlorid – zugrunde liegt. Trinkt man zum Ausgleich dieses Defizits täglich 1 Glas Wasser mit 1 Teelöffel des Essigs, stoppt nicht nur der Verlust, sondern die Haare wachsen sogar bald füllig nach. Auch kann man mit Apfelessig schwachen, brüchigen Nägeln, die ebenfalls auf eine Stoffwechselstörung hindeuten, entgegenwirken.

Ausgezeichnetes leistet Apfelessig darüber hinaus für die Zahngesundheit. Schon 1 Teelöffel, jeweils morgens und abends in 1 Glas Wasser gelöst und als Mundspülung verwendet, genügt, um die Kalkbildung zu fördern und Zahnstein entgegenzuwirken.

## GELENKE

Knirschende Gelenke sind ein Zeichen dafür, dass es dem Organismus an Natriumchlorid mangelt. Was zunächst verwundert, wo wir doch tagtäglich reichlich Salz zu uns nehmen, erklärt sich damit, dass dem isolierten Salz andere Mineralien fehlen.

Hier schafft Apfelessig den idealen Ausgleich. Man nehme zu den Hauptmahlzeiten 1 Teelöffel davon in 1 Glas Wasser zu sich, und bereits nach einem Monat wird es weniger im Gebälk knirschen.

# Eine kleine Rezeptauswahl

## Für jede Zubereitung der passende Essig

Beim Kombinieren von Speisen und Essig sollte vor allem der persönliche Geschmack entscheiden. Dennoch gibt es einige grundsätzliche Punkte zu beachten. So muss man wissen, dass Rotweinessig, verglichen mit seinem weißen Pendant, ein volleres und markanteres Aroma hat. Daher passt er gut zu Fleisch und in herzhaftere Zubereitungen, aber ebenso zu raffinierten Salaten. Von den aromatisierten Essigen empfiehlt sich die Variante mit Zitrone zu hellem Fleisch wie auch zu Erdbeeren und überhaupt Beeren aller Art. Auch Basilikumessig verträgt sich mit hellem Fleisch, wobei er erst gegen Ende des Garvorgangs hinzugegeben wird. Die Estragonversion eignet sich bestens für Marinaden, geschmortes Fleisch und elegante Saucen. Essig mit feinen Kräutern ist ein exzellenter Partner für Braten, helles Fleisch und Gemüse, während sich Himbeeressig perfekt zu Wild, in süßsauren Saucen oder zu gedämpftem Fisch macht. Mit seiner äußerst delikaten Art vollendet Apfelessig neben süßsauren Speisen oder Saucen gut auch Gerichte mit Huhn und fruchtige Zubereitungen. Als Multitalent glänzt schließlich der Aceto Balsamico di Modena IGP: Er harmoniert mit dunklem Fleisch und Braten, Gemüse und Omelettes, Fruchtsalaten, Eiscrèmes und anderem mehr ...

Lassen Sie sich von den nachfolgenden Rezepten inspirieren und werden Sie selbst kreativ!

# Radicchio di Treviso mit Gorgonzola und Dolceagro (weisser Balsamico)

**Schwierigkeitsgrad:** leicht
**Zubereitungszeit:** 15 Minuten
**Garzeit:** 5 Minuten

**Zutaten für 4 Personen**
· 2 Köpfe Radicchio di Treviso
· 100 g Gorgonzola
· 20 ml Condimento Delicato Dolceagro
· 20 ml Zuckersirup
· 30 ml natives Olivenöl extra
· Weißer Pfeffer

**Zubereitung**
Radicchio putzen, waschen und trocken schleudern.

Die Köpfe längs vierteln. Ohne Zugabe von Öl einige Minuten grillen.

In einer kleinen Schüssel das Condimento Delicato Dolceagro mit dem Zuckersirup, Olivenöl und Pfeffer gründlich verrühren.

Gorgonzola in kleinere Stücke schneiden und auf einzelne Teller verteilen. Darauf den gegrillten Radicchio anrichten.

Mit der Vinaigrette beträufeln und servieren.

# Pilz-Carpaccio, gehobelter Grana und Aceto Balsamico di Modena IGP

**Schwierigkeitsgrad:** leicht
**Zubereitungszeit:** 15 Minuten
**Garzeit:** entfällt

**Zutaten für 4 Personen**
· 60 g Steinpilze
· 90 g Champignons
· 20 ml Aceto Balsamico di Modena IGP, 3 Jahre gereift
· 30 ml natives Olivenöl extra
· 5 ml Petersilienpaste (bereitet aus 300 g gewaschener, getrockneter und gehackter Petersilie)
· 40 g Grana Padano, frisch gehobelt
· Salz und Pfeffer

**Zubereitung**
Mit einem kleinen Messer die Stiele der Pilze glattschneiden und säubern, danach die Pilze mit einem feuchten Tuch säubern. Trockenreiben und in ziemlich feine Scheiben schneiden.

In einer kleinen Schüssel Balsamico-Essig, Olivenöl, Petersilienpaste, Salz und Pfeffer gründlich verrühren.

Pilzscheiben auf einer Servierplatte anrichten und mit dem gehobelten Grana garnieren.

Mit der Vinaigrette beträufeln und servieren.

# Lauwarmes Carpaccio mit Steinpilzen und Aceto Balsamico di Modena IGP

**Schwierigkeitsgrad:** leicht
**Zubereitungszeit:** 20 Minuten
**Garzeit:** entfällt

**Zutaten für 4 Personen**
· 280 g Kalbsfilet
· 80 ml natives Olivenöl extra
· 120 g frische Steinpilze
· 20 ml Aceto Balsamico di Modena IGP
· Salz und Pfeffer

**Zubereitung**
Das Fleisch in sehr feine Scheiben schneiden und auf einzelnen, hitzebeständigen Tellern anrichten. Salzen und pfeffern, mit der Hälfte des Olivenöls beträufeln.

Mit einem kleinen Messer die Stiele der Pilze glattschneiden und säubern, danach die Pilze mit einem feuchten Tuch abreiben und in sehr feine Scheiben schneiden.

Die Teller mit dem Kalbsfilet für einige Sekunden in den kräftig vorgeheizten Backofen schieben – das Fleisch soll durchgewärmt, aber nicht gegart werden.

Pilzscheiben auf dem lauwarmen Fleisch verteilen. Salzen und pfeffern, mit etwas Balsamico-Essig und zuletzt mit dem restlichen Olivenöl beträufeln.

# Hähnchensalat mit Rucola, Sojasprossen und Aceto Balsamico di Modena IGP

**Schwierigkeitsgrad:** mittel
**Zubereitungszeit:** 20 Minuten
**Garzeit:** 5 Minuten

**Zutaten für 4 Personen**
· 200 g Hähnchenbrustfilet
· 100 ml natives Olivenöl extra
· 60 g Rucola
· 30 g Sojasprossen
· 40 ml Aceto Balsamico di Modena IGP
· Salz und Pfeffer

**Zubereitung**
Hähnchenbrustfilet säubern. Dünn mit Olivenöl einstreichen, salzen und pfeffern. Auf dem kräftig vorgeheizten Grill garen, dabei das Fleisch nicht austrocknen lassen.

Fleisch in Scheiben schneiden. Mit der Rucola auf einer Servierplatte anrichten und mit den Sojasprossen garnieren.

In einer kleinen Schüssel Balsamico-Essig mit Salz und Pfeffer verrühren. Langsam Olivenöl dazu gießen und weiter kräftig schlagen.

Den Salat mit der Vinaigrette beträufeln.
Vor dem Servieren nach Belieben mit Granatapfelkernen garnieren.

# Marinierte Garnelen mit Apfelessig und jungem Salat

**Schwierigkeitsgrad:** leicht
**Zubereitungszeit:** 10 Minuten
**Garzeit:** entfällt

**Zutaten für 4 Personen**
· 16 ausgelöste Garnelen
· 20 ml Apfelessig
· 100 g junger Blattsalat
· 40 ml natives Olivenöl extra
· Salz und Pfeffer

**Zubereitung**
Garnelen abspülen und trockenreiben. Portionsweise zwischen zwei Lagen Frischhaltefolie packen und flach klopfen.

Jeweils 4 Garnelen auf einzelnen Tellern anrichten. Salzen und pfeffern und mit dem Apfelessig beträufeln.

Mit dem Salat garnieren und etwas Olivenöl darüber träufeln.

# Salat von Jakobsmuscheln und Granatapfel mit Aceto Balsamico di Modena IGP

**Schwierigkeitsgrad:** leicht
**Zubereitungszeit:** 20 Minuten
**Garzeit:** 3 Minuten

**Zutaten für 4 Personen**
· 120 g ausgelöste Jakobsmuscheln
· 40 ml natives Olivenöl extra
· 1 Granatapfel
· 25 ml Aceto Balsamico di Modena IGP
· 2 g gehackter Estragon
· Salz

**Zubereitung**
Die Jakobsmuscheln längs halbieren.

In einer Pfanne mit Antihaft-Beschichtung etwas Olivenöl erhitzen und die Muscheln 2-3 Minuten darin braten.

Den Granatapfel aufbrechen und die Kerne sorgfältig auslösen, ohne sie zu verletzen.

In einer kleinen Schüssel den Balsamico-Essig mit dem Salz, dem restlichen Olivenöl und dem Estragon gründlich verrühren.

Die Jakobsmuscheln auf einzelne Teller geben und mit den Granatapfelkernen garnieren. Mit der Vinaigrette beträufeln und sogleich servieren.

# Sardellen mit Weissweinessig

**Schwierigkeitsgrad:** leicht
**Zubereitungszeit:** 20 Minuten
**Garzeit:** 15 Minuten

**Zutaten für 4 Personen**
· 500 g frische Sardellen
· 20 g Petersilie
· 1 Knoblauchzehe
· 45 ml natives Olivenöl extra
· 45 ml Weißweinessig
· Salz und Pfeffer

**Zubereitung**
Sardellen säubern, vom Kopf befreien und entgräten. Unter fließendem Wasser abspülen und auf einem sauberen Küchentuch abtropfen lassen.

Petersilie waschen, Knoblauch schälen und beide Zutaten zusammen fein hacken.

In einer großen Pfanne Knoblauch und Petersilie im Olivenöl in einigen Minuten anschwitzen, dabei gelegentlich rühren.

Die Sardellen so in die Pfanne legen, dass die Schwanzenden zur Mitte zeigen. Salzen und pfeffern und 7 Minuten braten, dabei immer wieder wenden und nach der Hälfte der Garzeit mit dem Essig beträufeln.

Die fertig gegarten Sardellen auf einer Servierplatte arrangieren und sogleich servieren.

# Spaghetti mit Venusmuscheln in Weissweinessig mit Zitrone

**Schwierigkeitsgrad:** mittel
**Zubereitungszeit:** 25 Minuten
**Garzeit:** 15 Minuten

**Zutaten für 4 Personen**
· 500 g Spaghetti
· 1 Knoblauchzehe
· 50 ml natives Olivenöl extra
· 500 g Venusmuscheln
· 2–3 Lorbeerblätter
· 100 ml Weißwein
· 45 ml Weißweinessig
· 1 Zitrone

**Zubereitung**
Die Spaghetti in reichlich sprudelndem Salzwasser al dente garen. Abseihen und abkühlen lassen.

In einem Topf den Knoblauch in etwas Olivenöl anbraten. Die Muscheln mit den Lorbeerblättern dazu geben. Mit dem Weißwein übergießen und zugedeckt auf hoher Stufe garen, bis sie sich öffnen, dabei den Topf gelegentlich rütteln.

Von den fertig gegarten Muscheln einige besonders schöne Exemplare beiseite legen, die übrigen auslösen. Den Muschelsud durchseihen.

In einer kleinen Schüssel das Olivenöl mit 2 EL des Muschelsuds, der Zitrone und dem Weißweinessig verrühren. Die ausgelösten Muscheln unter die Spaghetti heben. Die Vinaigrette hinzu geben, mit den ganzen Muscheln garnieren und heiß servieren.

# Kalte Tomatensuppe mit vielen Kräutern und Aceto Balsamico di Modena IGP

**Schwierigkeitsgrad:** mittel
**Zubereitungszeit:** 20 Minuten plus 2 Std. zum Marinieren und 2 Std. zum Kühlen
**Garzeit:** 1 Minute

**Zutaten für 4 Personen**
· 10 Strauchtomaten
· 1 Bund Petersilie
· 1 Dillstängel
· 6–7 Basilikumblätter
· 1 frische Knoblauchzehe
· 30 ml natives Olivenöl extra
· Einige Tropfen Aceto Balsamico di Modena IGP, 3 Jahre gereift

**Zubereitung**
Tomaten 1 Minute in kochendem Wasser blanchieren. Enthäuten, Kerne und Saft entfernen, das Fruchtfleisch fein hacken.

Die Kräuter putzen und waschen. Unzerteilt mit dem Knoblauch und der Hälfte des Olivenöls zu den Tomaten geben. Salzen und pfeffern, anschließend mehrere Stunden ziehen lassen.

Knoblauch entfernen, Tomaten und Kräuter im Mixer pürieren. Einige Tropfen Balsamico-Essig und das restliche Olivenöl unterziehen.

Die Suppe für etwa 2 Stunden in den Kühlschrank stellen. Zum Servieren in einzelne Schalen füllen und nach Belieben mit einigen Schnittlauchstängeln oder Petersiliensträußchen garnieren.

# Risotto mit Apfel und Aceto Balsamico di Modena IGP

**Schwierigkeitsgrad:** mittel
**Zubereitungszeit:** 10 Minuten
**Garzeit:** 25 Minuten

**Zutaten für 4 Personen**
· 1 Schalotte
· Natives Olivenöl extra
· 320 g feiner Risotto-Reis (Arborio)
· 50 ml trockener Weißwein
· 1 l heiße Fleischbrühe
· 10 g Butter
· 200 ml Sahne
· 80 g Parmigiano Reggiano
· 1 Apfel
· 30 ml Aceto Balsamico di Modena IGP

**Zubereitung**

Schalotte schälen und fein hacken. In Olivenöl hellgelb anschwitzen, dann den Reis dazugeben und rühren, bis er glasig schimmert. Den Wein dazu gießen und verdampfen lassen.

Schöpfkellenweise die Brühe zum Reis geben und nach jeder Zugabe gleichmäßig rühren, bis die Flüssigkeit aufgesogen ist. Wenn der Reis gar ist, Butter, Sahne und Parmesan unterziehen.

Den Apfel waschen und ungeschält fein würfeln. In einem kleinen Topf ganz wenig Butter zerlassen. Die Apfelwürfel braun anbraten und mit dem Balsamico-Essig ablöschen.

Den Risotto auf einzelnen Tellern anrichten. Die Apfelwürfel mit ihrem Fond darauf verteilen.

# Lasagnette mit Radicchio, Robiola und Aceto Balsamico di Modena IGP

**Schwierigkeitsgrad:** mittel
**Zubereitungszeit:** 40 Minuten
**Garzeit:** 20 Minuten

**Zutaten für 4 Personen**
· 3 Köpfe Radicchio
· 1 Schalotte
· Olivenöl
· 10 g Zucker
· 100 ml Aceto Balsamico di Modena IGP
· 4 Lasagneblätter
· 120 g Robiola (ital. Frischkäse)
· 15 g geriebener Parmigiano Reggiano

**Zubereitung**
Radicchio putzen, waschen und in feine Streifen schneiden. In kochendem Wasser blanchieren und danach abseihen.

Die Schalotte schälen und fein hacken. In etwas Olivenöl anbraten, mit dem Zucker bestreuen und leicht karamellisieren lassen. Den abgetropften Radicchio dazu tgeben und mit dem Balsamico-Essig übergießen. Einige Minuten garen, bis der Radicchio weich ist.

Inzwischen die Lasagneblätter in kochendem Salzwasser al dente garen. Abseihen und in je drei Streifen schneiden. Den Robiola in dünne Scheiben schneiden.

Auf einzelnen Tellern jeweils drei Lasagnestreifen mit Zwischenlagen aus Radicchio und Robiola aufeinanderschichten. Zuletzt die Parmesanspäne darüber streuen.
Im kräftig vorgeheizten Backofen gratinieren und heiß servieren.

# Kalte Schweinelende – mariniert in Kräuteressig

**Schwierigkeitsgrad:** mittel
**Zubereitungszeit:** 15 Minuten plus 2 Stunden zum Marinieren
**Garzeit:** 5 Minuten

**Zutaten für 4 Personen**
· 320 g Schweinelende
· 40 ml natives Olivenöl extra
· 60 ml Kräuteressig
· 4 g eingelegter grüner Pfeffer, gehackt
· Salz

**Zubereitung**
Die Schweinelende in nicht zu große Würfel schneiden. In einem Topf mit Antihaft-Beschichtung braun braten, aber nicht durchbraten – das Fleisch soll einen leicht rosa Kern behalten.

In einer kleinen Schüssel das Olivenöl mit dem Kräuteressig, grünem Pfeffer und Salz nach Geschmack gründlich verrühren.

Die Fleischwürfel in einer Schüssel mit der Vinaigrette übergießen und durchmischen, bis sie gleichmäßig überzogen sind.

Vor dem Servieren mindestens 2 Stunden marinieren.

# Eisbein mit Kräutern und Apfelessig

**Schwierigkeitsgrad:** mittel
**Zubereitungszeit:** 20 Minuten
**Garzeit:** 1 Stunde

**Zutaten für 4 Personen**
· 120 g Zwiebeln
· 10 ml natives Olivenöl extra
· 700 g Eisbein
· 60 ml Apfelessig
· 240 ml Gemüsebrühe
· 1 Bund Thymian
· 1 Bund Rosmarin
· 1 Bund Oregano
· Salz und Pfeffer

**Zubereitung**
Zwiebeln in schmale Streifen schneiden. Im unverschlossenen Dampfdrucktopf im Olivenöl anbraten.

Eisbein salzen und pfeffern. Zu den Zwiebeln geben und im unverschlossenen Dampfdrucktopf kräftig anbraten. Mit dem Apfelessig und der Gemüsebrühe ablöschen. Die zuvor gewaschenen und gehackten Kräuter dazugeben.

Den Topf verschließen und das Eisbein, nachdem der richtige Innendruck erreicht ist, etwa 45 Minuten garen. Anschließend den Topf öffnen und das Eisbein darin noch etwa 10 Minuten ruhen lassen.

Mit dem Fond servieren.

# Rinderfilet mit Aceto Balsamico di Modena IGP dazu Steinpilze und Polentachips

**Schwierigkeitsgrad:** mittel
**Zubereitungszeit:** 15 Minuten
**Garzeit:** 25 Minuten

**Zutaten für 4 Personen**
· 500 g Polenta (Maisgrieß)
· 400 g Rinderfilet
· Natives Olivenöl extra
· 60 ml Aceto Balsamico di Modena IGP
· 100 g Steinpilze
· 1 Knoblauchzehe
· Salz und Pfeffer

**Zubereitung**
Polenta garen. Noch heiß 1–2 mm dick zu Plätzchen ausstreichen und im Ofen knusprig backen.

Das Rinderfilet in dünne Scheiben schneiden, salzen und pfeffern.

In einer Pfanne Olivenöl erhitzen und die Fleischscheiben auf hoher Stufe nur wenige Sekunden scharf anbraten, dann mit dem Balsamico-Essig ablöschen.

Pilze putzen, mit einem feuchten Tuch abwischen und trockenreiben. In dünne Scheiben schneiden und in einer separaten Pfanne mit wenig Olivenöl und der Knoblauchzehe etwa 15 Minuten garen.

Einzelne Teller mit den Pilzen belegen. Darauf das Fleisch anrichten und mit den Polentachips garnieren.

# Kalbszunge mit Petersiliensauce und Weissweinessig

**Schwierigkeitsgrad:** mittel
**Zubereitungszeit:** 20 Minuten
**Garzeit:** 2 ½ Stunden

**Zutaten für 4 Personen**
· 500 g Kalbszunge
· 1 Stange Sellerie
· 1 Zwiebel
· 1 Möhre
· 1/2 Knoblauchzehe
· 25 g Petersilie
· Einige Lorbeerblätter
· 100 ml Weißweinessig
· 100 ml natives Olivenöl extra
· Salz

**Zubereitung**
Sellerie, Zwiebel und Möhre putzen und waschen. Kalbszunge mit dem Gemüse und den Lorbeerblättern 2 ½ Stunden in kochendem Wasser garen. Die Zunge in der Brühe abkühlen lassen.

Petersilie waschen und trocknen, anschließend zusammen mit der geschälten Knoblauchzehe fein hacken. Mit dem Weißweinessig, dem Olivenöl und Salz nach Geschmack vermischen.

Kalbszunge enthäuten, in dünne Scheiben schneiden und auf einer Servierplatte anrichten. Mit der Petersiliensauce überziehen. Lauwarm servieren.

# Kalbsniere in Senf und Weissweinessig

**Schwierigkeitsgrad:** mittel
**Zubereitungszeit:** 16 Minuten
**Garzeit:** 10 Minuten

**Zutaten für 4 Personen**
· 240 g Kalbsniere
· 10 g Butter
· Natives Olivenöl extra
· 30 ml Weißweinessig
· 15 g mittelscharfer Senf
· 50 ml brauner Fond
· Salz und Pfeffer

**Zubereitung**
Die Kalbsniere abwaschen, trockenreiben und in feine Scheiben schneiden. Kurz in kochendem Wasser blanchieren, anschließend mit kaltem Wasser abspülen.

Nierenscheiben in der Butter sowie einem kleinen Schuss Olivenöl anbraten und, wenn sie kräftig gebräunt sind, mit dem Weißweinessig ablöschen.

Senf und braunen Fond einrühren und das Fleisch fertig garen. Heiß servieren.

# Wachtelbrust mit Honig, Weissweinessig und Pfirsichen

**Schwierigkeitsgrad:** mittel
**Zubereitungszeit:** 30 Minuten
**Garzeit:** 15 Minuten

**Zutaten für 4 Personen**
· 8 Wachteln
· 2 Pfirsiche
· Natives Olivenöl extra
· 20 ml Weißweinessig
· 10 g Akazienhonig
· 100 ml Geflügelfond
· Rosa Pfeffer
· Salz und Pfeffer

**Zubereitung**
Wachtelbrüste sorgfältig auslösen und entbeinen. Pfirsiche enthäuten und in kleine Stücke schneiden.

In einer Pfanne Olivenöl erhitzen. Die Wachtelbrüste auf hoher Stufe scharf anbraten – sie sollen dabei kaum garen. Zuletzt salzen und pfeffern, dann aus der Pfanne nehmen.

In derselben Pfanne die Pfirsiche andünsten, mit dem Weißweinessig ablöschen und den Saft einkochen lassen. Honig und Geflügelfond einrühren.

Wachtelbrüste zurück in die Pfanne geben und in der herzhaften Sauce fertig schmoren. Mit der Sauce servieren.

Bei Tisch aromatischen rosa Pfeffer grob darüber mahlen.

# Geschmortes Huhn mit Pilzen und Weissweinessig

**Schwierigkeitsgrad:** mittel
**Zubereitungszeit:** 20 Minuten
**Garzeit:** 1 Stunde

**Zutaten für 4 Personen**
· 1 Huhn (etwa 1 kg)
· Natives Olivenöl extra
· 50 ml Weißweinessig
· 100 ml Geflügelfond
· 100 ml Fleischbrühe
· 120 g in Öl eingelegte Pilze
· 1 Bund Petersilie
· Salz und Pfeffer

**Zubereitung**
Das Huhn in 16 Stücke zerlegen. In eine große Pfanne mit hohem Rand geben, salzen und pfeffern. In Olivenöl scharf anbraten.

Wenn das Fleisch halb gar ist, mit Weißweinessig übergießen und diesen verdampfen lassen. Geflügelfond und Brühe zum Fleisch gießen. Bei niedriger Temperatur schmoren.

Wenn das Fleisch zu drei Vierteln gar ist, die Pilze untermischen.

Petersilie waschen und hacken. Ganz zum Schluss über das Gericht streuen. Heiß servieren.

# Truthahnbrust in Blätterteig mit Crema di Balsamico

**Schwierigkeitsgrad:** mittel
**Zubereitungszeit:** 20 Minuten
**Garzeit:** 15 Minuten

**Zutaten für 4 Personen**
· 200 g Blätterteig
· 320 g Truthahnbrust
· 20 ml natives Olivenöl extra
· 80 g Sojasprossen
· Crema di Balsamico Bianco
· Salz und Pfeffer

**Zubereitung**
Den fertigen Blätterteig ausrollen und in acht gleich große Rechtecke schneiden. Für einige Minuten in den auf 190 °C vorgeheizten Backofen schieben.

Truthahnbrust in vier dünne Stücke schneiden. In einer Pfanne das Olivenöl erhitzen und die Fleischstücke etwa 5 Minuten braten, währenddessen salzen und pfeffern.

Gleichzeitig in einer zweiten Pfanne die Sojasprossen bei hoher Temperatur einige Minuten durchschwenken.

Auf vier der Blätterteigstücke jeweils eine Lage Sojasprossen geben, darauf ein Stück Truthahnbrust legen und wieder Sojasprossen darauf verteilen. Mit Crema di Balsamico beträufeln und jeweils mit einem Blätterteigstück bedecken.

# Ausgebackene Seezungenfilets mit einem Dip von Honig und Weissweinessig

**Schwierigkeitsgrad:** mittel
**Zubereitungszeit:** 20 Minuten
**Garzeit:** 10 Minuten

**Zutaten für 4 Personen**
· 300 g Seezungenfilets
· 150 g Semmelbrösel
· Natives Olivenöl extra
· 50 ml Weißweinessig
· 25 g Akazienhonig
· Salz

**Zubereitung**
Seezungenfilets in kleinere Stücke schneiden und in den Semmelbröseln wenden.

In einer Pfanne reichlich Olivenöl kräftig erhitzen. Die panierten Fischstücke schwimmend ausbacken.

Den Weißweinessig in einem kleinen Topf leicht erhitzen und den Akazienhonig darin auflösen.

Die Fischstücke auf Küchenpapier abtropfen lassen, salzen und auf einer Platte anrichten. Die süßsaure Sauce als Dip dazu reichen.

# Kabeljau, Kartoffeln und Trauben mit Aceto Balsamico di Modena IGP

**Schwierigkeitsgrad:** mittel
**Zubereitungszeit:** 30 Minuten
**Garzeit:** 20 Minuten plus Zeit zum Kochen der Kartoffeln

**Zutaten für 4 Personen**
· 160 g Kartoffeln
· 280 g Kabeljau
· Natives Olivenöl extra
· 10 g Rohrzucker
· 24 helle Weintrauben, enthäutet
· 100 ml Aceto Balsamico di Modena IGP
· Salz

**Zubereitung**
Kartoffeln waschen, schälen, in Stücke schneiden und in reichlich sprudelndem Salzwasser garkochen.

In einem Topf mit Antihaft-Beschichtung den Fisch mit einem Schuss Olivenöl etwa 20 Minuten bei mäßiger Temperatur garen.

Rohrzucker mit ganz wenig Wasser in einen Topf geben und erhitzen. Wenn er fast karamellisiert ist, die Trauben hinzufügen und mit dem Balsamico-Essig übergießen.

Die von Hand zerdrückten Kartoffeln in die Mitte einer Platte geben. Darauf den Fisch anrichten. Balsamico-Sauce und Trauben darüber gießen.

# Forellenfilets mit eingelegten Zwiebelchen und Aceto Balsamico di Modena IGP

**Schwierigkeitsgrad:** mittel
**Zubereitungszeit:** 15 Minuten
**Garzeit:** 20 Minuten

**Zutaten für 4 Personen**
· 4 Lachsforellenfilets (je etwa 100 g)
· 30 g Stangensellerie
· 30 g Lauch
· 10 g Basilikum
· je 1 Bund Petersilie und Thymian
· 80 g in Balsamico-Essig eingelegte Zwiebelchen
· 20 ml Aceto Balsamico di Modena IGP
· 30 ml Weißweinessig
· 50 ml Fischfumet
· 20 ml natives Olivenöl extra

**Zubereitung**
Forellenfilets enthäuten, unter fließendem Wasser waschen und mit Küchenpapier behutsam trockentupfen.

Eine ofenfeste Form dünn mit Olivenöl ausstreichen. Die Filets hineinlegen, salzen und pfeffern.

Sellerie und Lauch in dünne Scheiben schneiden und auf den Fischfilets verteilen. Kräuter, eingelegte Zwiebelchen, Weißwein, Balsamico-Essig und Fischfumet hinzufügen.

Die Form mit Alufolie verschließen. Den Fisch im vorgeheizten Backofen bei 200 °C etwa 20 Minuten garen.

Die Forellenfilets heiß servieren.

# In Weissweinessig marinierte Auberginen

**Schwierigkeitsgrad:** leicht
**Zubereitungszeit:** 15 Minuten plus 12 Stunden zum Marinieren
**Garzeit:** 2 Minuten

**Zutaten für 4 Personen**
· 500 g Auberginen
· 1 l Weißweinessig mit Zitrone
· 1 Bund Minze
· 1 Knoblauchzehe
· 2 frische Peperoncini
· Natives Olivenöl extra
· Salz

**Zubereitung**
Auberginen waschen, putzen und in unterschiedlich große Stücke schneiden.

In einem Topf den Weißweinessig mit Zitrone unter Zugabe von Salz zum Kochen bringen. Die Auberginen hineingeben und 2 Minuten kochen lassen.

Abseihen, in einer Schüssel auskühlen lassen.

Minzeblätter abzupfen und grob zerpflücken, Knoblauchzehe mit Peperoncini fein hacken. Diese Zutaten zu den kalten Auberginen geben.

Vollständig mit Olivenöl bedecken und vor dem Servieren mindestens 12 Stunden durchziehen lassen. Nach Belieben mit Schalenstreifen einer unbehandelten Zitrone garnieren – ein hübscher Farbtupfer.

# Salat von Äpfeln und gemischten Sprossen mit Apfelessig

**Schwierigkeitsgrad:** leicht
**Zubereitungszeit:** 10 Minuten
**Garzeit:** entfällt

**Zutaten für 4 Personen**
· 1 Äpfel
· 35–40 g gemischte Sprossen
· 35 ml Apfelessig
· 30 ml natives Olivenöl extra
· 1 El Honig
· Salz und Pfeffer

**Zubereitung**
Äpfel waschen, halbieren, vom Kerngehäuse befreien und ungeschält in dünne Scheiben schneiden.

Die Apfelscheiben in eine Salatschüssel oder vier kleine Dessertschalen geben.

Nach Belieben mit den gemischten Sprossen garnieren.

In einer kleinen Schüssel Apfelessig und Olivenöl mit Honig, Salz und Pfeffer gründlich verrühren. Die Vinaigrette über den Salat geben.

# Kartoffelsalat mit Schnittlauch und Aceto Balsamico di Modena IGP

**Schwierigkeitsgrad:** leicht
**Zubereitungszeit:** 15 Minuten
**Garzeit:** 30 Minuten

**Zutaten für 4 Personen**
· 240 g Kartoffeln
· 1 Bund Schnittlauch
· 30 ml Aceto Balsamico di Modena IGP
· 30 ml natives Olivenöl extra
· 2 g Senfpulver
· Salz

**Zubereitung**
Die ungeschälten Kartoffeln in sprudelndem Salzwasser garen. Abgießen und abkühlen lassen.

Kartoffeln pellen und in gleichmäßige Scheiben schneiden. In eine Salatschüssel füllen.

Schnittlauch waschen und trocken, anschließend in Röllchen schneiden.

In einer kleinen Schüssel Balsamico-Essig und Olivenöl mit Senfpulver und Salz gründlich verrühren.
Die Kartoffeln mit dem Schnittlauch bestreuen und mit der frisch zubereiteten Vinaigrette vermischen.

# Junger Spinat mit Walnüssen, Ricotta und Aceto Balsamico di Modena IGP

**Schwierigkeitsgrad:** leicht
**Zubereitungszeit:** 10 Minuten
**Garzeit:** entfällt

**Zutaten für 4 Personen**
· 120 g junger Spinat
· 60 g Ricotta oder ähnlicher Frischkäse
· 40 g Walnusskerne
· 30 ml natives Olivenöl extra
· 25 ml Aceto Balsamico di Modena IGP
· 1 Eigelb
· Weißer Pfeffer
· Salz

**Zubereitung**
Spinat putzen, waschen und trocknen.

Mit dem Ricotta (oder einem anderen Frischkäse) und den Walnusskernen in eine Salatschüssel geben.

In einer kleinen Schüssel den Balsamico-Essig und das Olivenöl mit dem Eigelb, weißem Pfeffer und Salz verrühren.

Den Salat mit dem Dressing anrichten.

# Paprika und Auberginen mit Pinienkernen und Aceto Balsamico di Modena IGP

**Schwierigkeitsgrad:** leicht
**Zubereitungszeit:** 20 Minuten
**Garzeit:** 20 Minuten

**Zutaten für 4 Personen**
· 2 rote Paprika
· 2 gelbe Paprika
· 2 Auberginen
· 2 Strauchtomaten
· 30 g Pinienkerne
· 20 ml Olivenöl
· 30 ml Aceto Balsamico di Modena IGP
· Frische Basilikumblätter

**Zubereitung**
Paprika waschen, trockentupfen und gleichmäßig klein schneiden. Die Auberginen genauso behandeln.

Tomaten waschen und trockenreiben, von den Kernen befreien und in kleinere Würfel schneiden.

Pinienkerne in einer Pfanne ohne Zugabe von Fett rösten.

In einem Topf mit Antihaft-Beschichtung das Olivenöl auf mittlerer Stufe erhitzen. Paprika und Auberginen hineingeben, salzen und pfeffern. Braten, bis das Gemüse beinahe gar ist, dann den Balsamico-Essig dazu gießen und verdampfen lassen. Zuletzt die Pinienkerne, die Tomaten und das Basilikum (gewaschen, getrocknet und zerpflückt) in den Topf geben.

Das Gemüse sofort servieren.

# Möhren mit Aceto Balsamico di Modena IGP

**Schwierigkeitsgrad:** leicht
**Zubereitungszeit:** 5 Minuten
**Garzeit:** 15 Minuten

**Zutaten für 4 Personen**
· 400 g kleine junge Möhren
· 20 g Butter
· 75 ml Aceto Balsamico di Modena IGP
· 2 EL geriebener Parmesan
· 1 kleiner Bund Petersilie
· Salz

**Zubereitung**
Die Möhren schaben, von den Spitzen befreien und waschen. In sprudelndem Salzwasser 5 Minuten garen, danach abgießen.

In einer kleineren Pfanne die Butter zerlassen. Möhren hineingeben, bei mäßiger Hitze 5 Minuten dünsten und nach Geschmack salzen. Mit dem Balsamico-Essig übergießen und diesen verdampfen lassen.

Möhren in vier ofenfeste Förmchen füllen, mit Parmesan bestreuen und mit ihrem Fond aus der Pfanne beträufeln. Für etwa 5 Minuten in den auf 200 °C vorgeheizten Backofen schieben.

Vor dem Servieren mit Petersiliensträußchen und einigen Parmesanspänen garnieren.

# Zucchinisalat mit Dolceagro und Parmesan

**Schwierigkeitsgrad:** leicht
**Zubereitungszeit:** 15 Minuten
**Garzeit:** entfällt

**Zutaten für 4 Personen**
· 160 g kleine junge Zucchini
· 50 g Parmigiano Reggiano
· 30 ml Condimento Delicato Dolceagro (weißer Balsamico)
· 50 ml natives Olivenöl extra
· 1 Granatapfel
· Salz und Pfeffer

**Zubereitung**
Die Zucchini waschen, putzen und quer in sehr feine Scheiben schneiden.
Mit einem Sparschäler vom Parmesan Späne herunter hobeln.

In einer kleinen Schüssel das Condimento Delicato Dolceagro oder den Balsamicoessig mit dem Olivenöl und Salz gründlich verrühren.

Die Zucchinischeiben auf einer Servierplatte anrichten und die Parmesanspäne darüber verteilen.

Den Salat mit der Vinaigrette anrichten. Zuletzt mit den behutsam aus dem Granatapfel gelösten Kernen garnieren und servieren.

# Ananas mit Aceto-Balsamico-Crème

**Schwierigkeitsgrad:** leicht
**Zubereitungszeit:** 20 Minuten plus 2 Stunden zum Kühlen
**Garzeit:** 5 Minuten

**Zutaten für 4 Personen**
- 3 Blatt Gelatine
- 300 ml Aceto Balsamico di Modena IGP
- 200 g Schlagsahne
- 100 g Ananas

**Zubereitung**
Die Gelatine in einer Schüssel mit kaltem Wasser bedecken und 5–10 Minuten quellen lassen.

In einem kleinen Topf den Balsamico-Essig erhitzen. Die Gelatineblätter einzeln ausdrücken und gründlich unter den Essig rühren.

Vollständig abkühlen lassen, dann die Schlagsahne gleichmäßig unterziehen.

Die Ananas in kleine Stücke schneiden und auf vier Gläser verteilen, dabei einige schöne Stücke zum Garnieren beiseite legen. Mit der Aceto-Balsamico-Crème überziehen.

Das Dessert für 2 Stunden in den Kühlschrank stellen. Vor dem Servieren mit den restlichen Ananasstücken garnieren.

# Apfelstrudel mit Aceto-Balsamico-Eiscrème

**Schwierigkeitsgrad:** mittel
**Zubereitungszeit:** 1 Stunde
**Garzeit:** 40 Minuten

**Zutaten für 4 Personen**
· 3 Äpfel
· 15 g Zucker
· 30 g Aprikosenkonfitüre
· 20 g trockene Kekse
· 20 g Pinienkerne
· 250 g Blätterteig
· 1 Ei
· 20 ml Aceto Balsamico di Modena IGP
· 280 g Vanille-Eiscrème
· 10 g Puderzucker

**Zubereitung**
Die Äpfel schälen und in kleine Stücke schneiden, mit dem Zucker, der Konfitüre, den zerbröselten Keksen und den Pinienkernen gründlich vermengen.

Den Blätterteig ausrollen und die Apfelmischung in die Mitte geben. Die Teigränder mit dem verquirlten Ei bestreichen. Den Teig über die Füllung legen und die Ränder gut zusammendrücken. Den Strudel auf der Oberseite mit dem restlichen Ei bestreichen. Im vorgeheizten Ofen bei ca 190 °C etwa 40 Minuten backen.

Den Balsamicoessig und das Vanilleeis mit dem Schneebesen zu einer gleichmäßigen Crème schlagen. Den Strudel aus dem Ofen nehmen. Wenn er nur noch lauwarm ist, mit dem Puderzucker bestäuben. Sofort mit der Crème servieren.

# Gefüllte Pfirsiche aus dem Ofen mit Aceto Balsamico di Modena IGP

**Schwierigkeitsgrad:** leicht
**Zubereitungszeit:** 15 Minuten
**Garzeit:** 15 Minuten

**Zutaten für 4 Personen**
· 5 Pfirsiche
· 100 g Amaretti (italienische Mandelmakronen)
· 1 EL geröstete Mandeln
· 1 Ei
· 2 EL Zucker
· 45 ml Aceto Balsamico di Modena IGP

**Zubereitung**

Von den Pfirsichen 4 Stück waschen, halbieren, entsteinen und die Vertiefungen mit dem Rücken eines Löffels erweitern.

Die Amaretti mit den Mandeln im Mixer 30 Sekunden lang hacken, danach die Mischung in eine Schüssel füllen.

Das Ei, 1 EL Zucker und das mit einer Gabel zerdrückte Fruchtfleisch des fünften Pfirsichs hinzu fügen. Alles gründlich vermengen. Die vorbereiteten Pfirsichhälften mit der Masse füllen. Für 15 Minuten in den auf ca 200 °C vorgeheizten Backofen schieben.

Den Balsamico-Essig mit dem restlichen Zucker gründlich verrühren, bis sich der Zucker gelöst hat. Die frisch aus dem Ofen geholten Pfirsiche damit beträufeln.

Vor dem Servieren abkühlen lassen, bis sie nur noch lauwarm sind.

# LIEBLICHER ZITRUSFRUCHTSALAT MIT
# ACETO BALSAMICO DI MODENA IGP

**Schwierigkeitsgrad:** leicht
**Zubereitungszeit:** 20 Minuten
**Garzeit:** 10 Minuten

**Zutaten für 4 Personen**
· 3 Orangen
· 2 rosa Grapefruits
· 2 Clementinen
· 1 Mandarine
· 2 El Akazienhonig
· 15 ml Orangensaft
· 15 ml Aceto Balsamico di Modena IGP
· Einige kleine Minzeblätter

**Zubereitung**
Orangen und Grapefruits sorgfältig so schälen, dass auch die dünne weiße Innenhaut mit entfernt wird, anschließend filetieren. Den dabei abtropfenden Saft in einer Schüssel auffangen. Übrige Zitrusfrüchte wie gewohnt schälen. Clementinen und die Mandarine quer in dicke Scheiben schneiden und alle Kerne entfernen. Sämtliche Früchte in eine Salatschüssel geben.

In einem kleinen Topf den Honig erhitzen. Orangensaft dazugießen und mit einer Gabel kräftig schlagen. Den beim Filetieren aufgefangenen Saft ebenfalls hinzufügen und weiter schlagen, bis eine sämige Sauce entsteht. Vom Herd nehmen und den Balsamico-Essig einrühren.

Die Sauce über die Früchte gießen.
Durchmischen, nach Belieben mit Minzeblättchen garnieren und servieren.

# Glossar

## Acetaia

Raum, in dem Balsamico-Essig reift. Bei privaten Erzeugern und Kleinherstellern befinden sich die Fässer traditionell auf einem Dachboden. Die dortigen extremen Temperaturschwankungen zwischen Winter und Sommer begünstigen das Absetzen der Trübstoffe beziehungsweise die Verdunstung. Essigfabriken verfügen über Räumlichkeiten mit entsprechenden Gegebenheiten. Im weiteren Sinne versteht man unter acetaia auch den Sitz einer solchen Fabrik.

## Acetator

Edelstahltank zur Aufnahme der alkoholischen Flüssigkeit, die in Essig verwandelt werden soll.

## Alkoholische Gärung

Umwandlung der Zucker in Äthylalkohol und Kohlendioxid. Dieser Vorgang liegt der Erzeugung aller gängigen alkoholischen Getränke (Wein, Bier usw.) zugrunde.

## Aromatisierung

Manche Essige werden mit natürlichen Aromazutaten angereichert. Entweder lässt man Letztere direkt im Essig ziehen oder man gewinnt zunächst einen Auszug, den man dann zum Essig gibt (es ist ein Zusatz von höchstens 5 % erlaubt). So aufbereitete Erzeugnisse müssen auf dem Etikett als »aromatisierter Essig« ausgewiesen sein, dazu muss der dem Essig zugrunde liegende Rohstoff genannt werden.

## Criaderas y Soleras, Methode

Ausbaumethode für Essige aus dem spanischen Jerez. Dabei sind Holzfässer in drei oder vier Etagen übereinander angeordnet. Die Fässer der untersten Stufe (solera) enthalten den für die Abfüllung bereiten Essig. Weiter oben – in den criaderas – befinden sich die weniger ausgereiften Chargen, die Schritt für Schritt mit den weiter unten befindlichen gemischt werden, bis auch sie schließlich die Abfüllreife erreichen.

## Eingekochter Most

Man gewinnt ihn durch längeres Kochen von Traubenmost, wobei der enthaltene Zucker karamellisiert. Mitunter wird die Ausgangsmenge auf ein Viertel konzentriert.

## Essigbakterien

Mikroorganismen (insbesondere Acetobacter aceti), die in Anwesenheit von Sauerstoff und bei einer idealen Temperatur in einer alkoholischen Flüssigkeit die Essiggärung bewirken.

## Essiggärung

Hierunter versteht man den oxidativen Umbau von Äthylalkohol in Essigsäure durch Essigbakterien.

## ESSIGMUTTER

Eine cellulosehaltige Substanz, die von den Essigbakterien im Essig gebildet wird. Sie kann in Form von kleinen Partikeln oder Fäden vorhanden sein, sich aber auch als gallertartige Masse zeigen. Diese schwimmt entweder als zunehmend dicker Film auf der Oberfläche – und kann sich infolge einer Besiedelung durch Hefen weiß färben – oder sie sinkt in der Flasche zu Boden.

## FILTRATION

Mit diesem Vorgang erhalten Essige ein glanzklares Erscheinungsbild. Sie werden dafür durch entsprechende Filtermedien geleitet, die die in der Flüssigkeit schwebenden Trübstoffe auffangen.

## GESCHMACKSPAPILLEN

Die auf der Zunge befindlichen Sinneszellen registrieren die vier wichtigsten Geschmackseindrücke: süß, salzig, sauer und bitter.

## HOLZSPÄNE

Bei der Holzbearbeitung anfallende Späne wurden als Bestandteil der schwammigen Trägermasse verwendet, die dem heute nicht mehr gebräuchlichen Schnellessigverfahren (bezeichnenderweise auch Spanbildnerverfahren genannt) zugrunde lag.

## INVECCHIATO

Der einzige Zusatz auf dem Etikett, der gemäß Gesetz beim Aceto Balsamico di Modena IGP erlaubt ist. Er sagt aus, dass der Essig mindestens drei Jahre im Holzfass gereift ist.

## KLÄRUNG

Mit mechanischen, chemischen oder chemisch-physikalischen Mitteln wird erreicht, dass sich Schleimstoffe, Cellulosepartikel, Proteine und andere Trübteilchen im Essig als Sediment absetzen.

## KONZENTRIERTER MOST

Er entsteht durch gewöhnlich im Vakuum und bei niedriger Temperatur durchgeführtes Eindampfen. In der Regel wird der Most durch diesen Wasser-entzug auf ein Drittel der Ursprungsmenge konzentriert.

## MOST

Bei der Verarbeitung von Trauben zu Wein gewinnt man als Erstes durch Zerkleinern und anschließendes Pressen des Leseguts den Saft.
Entrappmühlen führen das Abbeeren (Entfernen der Traubenstiele) und das Mahlen der Trauben in einem Arbeitsgang durch. Für die Herstellung von Balsamico-Essig wird der gewonnene Most konzentriert und/oder eingekocht und dann mit Weinessig gemischt.

## POSCA

Im Rom der Antike sehr gebräuchliches durstlöschendes Getränk, für das man Wasser mit Rot- oder Weißweinessig in variierenden Anteilen mischte.

## PRODUKTIONSRICHTLINIEN

Gesamtheit der Vorschriften, die bei der Herstellung

eines Lebensmittelproduktes einer offiziell anerkannten Appellation zu befolgen sind, sowie der qualitativen Maßgaben, die dieses Produkt erfüllen muss. Für den Aceto Balsamico di Modena IGP) beispielsweise sind die Traubensorten, ihr Herkunftsgebiet und ihre Merkmale sowie die Art ihrer Verarbeitung vorgeschrieben. Vorgegeben sind des Weiteren die Eckdaten des fertigen Produkts hinsichtlich Farbe, Dichte, Duft- und Geschmack sowie Gesamtsäure.

## Reifung

Der Rohessig wird, bevor er in den Handel gelangt, erst noch gelagert, damit die enthaltenen Tannine und Farbpigmente ausreifen und sich die Bukettstoffe sowie die Aromen optimal entfalten. Die Reifung erfolgt in Edelstahlbehältern, während kostbare Essige in Holzfässern unterschiedlicher Größe ausgebaut werden.

## Säure

Gemeint ist die Gesamtsäure, ausgedrückt in Gramm Essigsäure pro 100 ml Essig. Der Wert wird mit herkömmlichen Analyseverfahren ermittelt.

## Sensorische Prüfung

Ihr Ziel ist es, die optischen sowie die Duft- und Geschmacksreize, die von einem Produkt ausgehen, zu erfassen, in ihrer Intensität zu bewerten und zu deuten. Eine solche Begutachtung strebt nach wissenschaftlicher Objektivität und setzt daher viel Fachkenntnis und Erfahrung seitens der Prüfer voraus.

## Überreife

Spät gelesene Trauben sind am Stock bereits etwas getrocknet – oder rosiniert – und weisen daher eine erhöhte Zuckerkonzentration auf. Bei der Erzeugung von Aceto Balsamico Tradizionale di Modena beziehungsweise di Reggio Emilia ist dieser Reifezustand sehr erwünscht.

## Veressigung

Umwandlung einer alkoholischen Flüssigkeit in Essig infolge der Stoffwechselaktivität von Essigbakterien.

# Stichwort - Verzeichnis

# Rezepte

# Aceto Balsamico di Modena I.G.P.
### (Indicazione Geografica Protetta)

**PONTI** DAL 1867

# Balsamessig aus Modena

## PRODUKTIONS- UND ROHWARENFLUSS

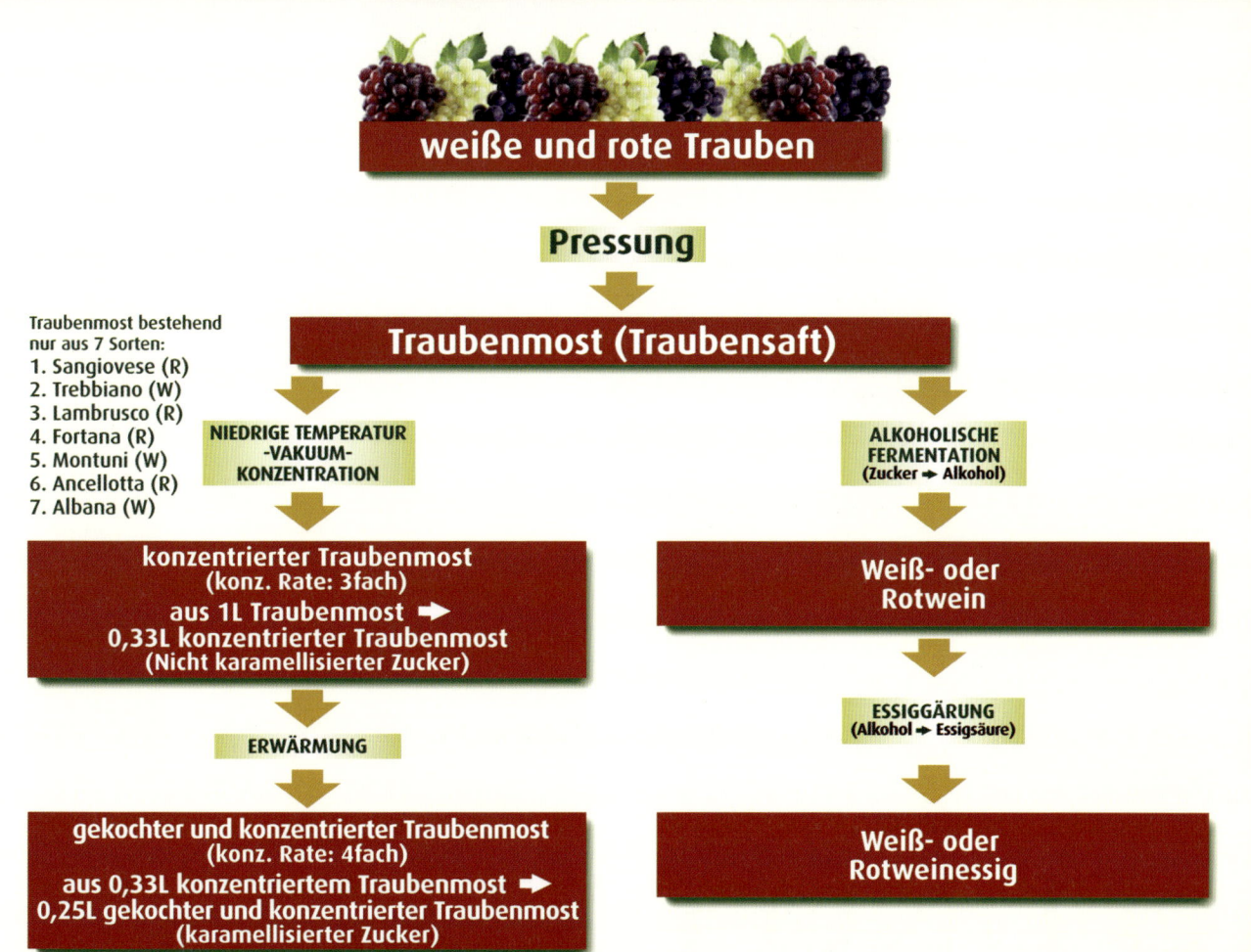

**weiße und rote Trauben**

↓

**Pressung**

↓

**Traubenmost (Traubensaft)**

Traubenmost bestehend nur aus 7 Sorten:
1. Sangiovese (R)
2. Trebbiano (W)
3. Lambrusco (R)
4. Fortana (R)
5. Montuni (W)
6. Ancellotta (R)
7. Albana (W)

**NIEDRIGE TEMPERATUR -VAKUUM- KONZENTRATION**

↓

**konzentrierter Traubenmost**
(konz. Rate: 3fach)
aus 1L Traubenmost ➡
0,33L konzentrierter Traubenmost
(Nicht karamellisierter Zucker)

↓

**ERWÄRMUNG**

↓

**gekochter und konzentrierter Traubenmost**
(konz. Rate: 4fach)
aus 0,33L konzentriertem Traubenmost ➡
0,25L gekochter und konzentrierter Traubenmost
(karamellisierter Zucker)

**ALKOHOLISCHE FERMENTATION**
(Zucker ➡ Alkohol)

↓

**Weiß- oder Rotwein**

↓

**ESSIGGÄRUNG**
(Alkohol ➡ Essigsäure)

↓

**Weiß- oder Rotweinessig**

**Rot- oder Weißweinessig**

**Rot- oder Weißweinessig 10 Jahre gereift**

**gekochter Traubenmost**

**konzentrierter Traubenmost**

**Zuckercouleur karamellisierter Zucker**

↓

## ACETO BALSAMICO DI MODENA I.G.P.

↓

**zertifizierte Reifung in Holzfässern**
(≥ 2 Monate)

oder

**zertifizierte Reifung in Holzfässern**
(≥ 36 Monate)

Nach Ablauf dieser Reifung:
Genehmigung von CSQA (Zertifizierung Agentur des italienischen Ministeriums für Landwirtschaft)

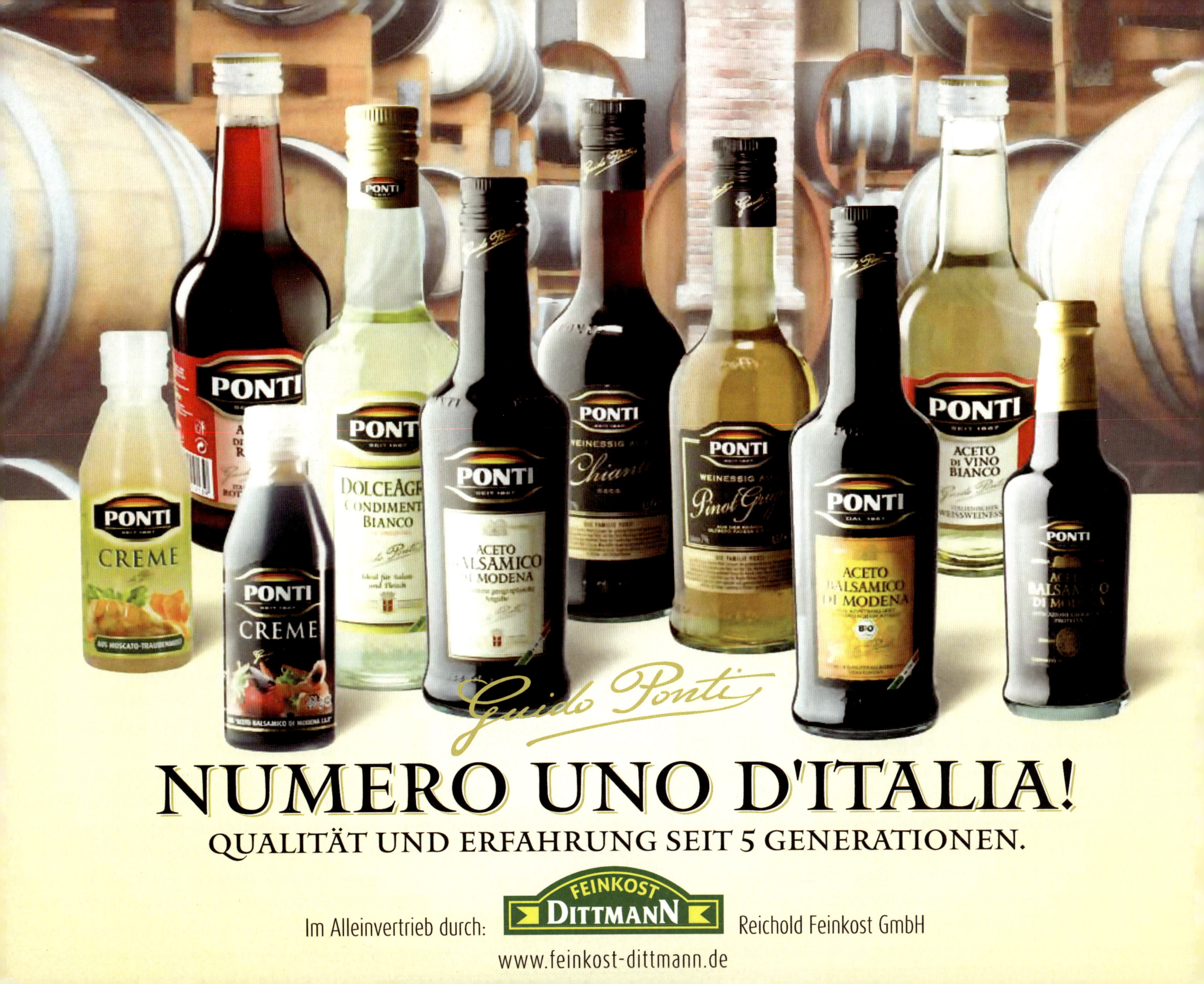

# NUMERO UNO D'ITALIA!

## QUALITÄT UND ERFAHRUNG SEIT 5 GENERATIONEN.

Im Alleinvertrieb durch: **FEINKOST DITTMANN** Reichold Feinkost GmbH

www.feinkost-dittmann.de